子どもを伸ばす4つのルール

「しあわせ脳」に育てよう！

黒川伊保子
wa Ihoko

講談社

装丁　天野誠（magic beans）
イラスト　吉沢深雪

「しあわせ脳」に育てよう！

黒川伊保子

この本は、私の両親、吉沢孝と吉沢泰子に捧げます。
脳育ての研究をして、あらためて、おふたりの子育て法に感銘しました。

はじめに

「しあわせな天才脳」を育てる。
これが、私の育児のテーマだった。

1991年8月、人工知能の研究者として10年近く経ったある日、私は息子の「生きた脳」を手に入れた。ロボットとはまったく違う、その輝く生命力に、私は夢中になってしまった。

私は、脳科学に携わる母として、まず、ヒトの脳の力がいかなるものかを徹底的に分析した。そして、ある日、脳の機能を、生理学的な機能部位からのアプローチとは違う、ある4つの機能に分けてみたのだ。すると、いい脳とは何かが見えてきたのである。

脳には、大きく分けて、3つの力がある。無意識のうちに作動する「感じる力」、意識的に働かせる「考える力」、そして、無意識と意識をつなぐ直感力の3つである。さらに、眠っているときに働く知識工場がある。

いい脳とは、この3つの力と知識工場が、どれもよく働いている脳のことをいう。「感じる力」はヒトが生まれつき持っているもので、3歳までによほど脳をいじられない限り、超高性能な「感じる力」を、ヒトは生涯持ち続けることになる。直感力が養われるのは、主に3歳から7歳まで。8歳で言語脳が完成してからは、「考える力」が格段に伸び始める。9～11歳の3年間には、「感じる力」と「考える力」と直感力の連携を習得する。12歳になると、おとな脳の基礎が完成する。

このような脳の成長には臨界期があり、7歳までにすべきことを8歳以降に習得しようとしても得られない。このため、些細《ささい》なことではあるけれど、それぞれの時期に少しずつ親が気をつけてあげたいことがある。

さらに成長期全般にわたって、知識工場をいかによく稼働させるかが、いい脳への重要な鍵なのである。

いい脳の持ち主は、「幸福な天才」である。「頭もいいけど、それ以上に運がいい人」といわれる人たちだ。

具体的に言うと、いつもしみじみとしあわせそうで、常に好奇心と意欲を失わず、健康で、穏やかで、あったかい。おっとりして見えるのに、決断は早い。集中力があり、短いことばに説得力がある。頼りがいがあって、飾らない人柄なのに、なめてかかれない威厳を持っている。いつも、何かに感謝している。

……いい脳の持ち主の特徴を並べるとこうなる。経営者セミナーで、よく理想の経営者像とされる人柄だ。もちろん、この人柄なら、科学者でも俳優でもエンジニアでも、役人でも音楽家でもスポーツ選手でも、他人から敬愛されるようになる人たちでもある。

自分の子どもを、こう育てたいとは思いませんか？　私は、こう育てたいと思った。

息子の脳を「しあわせな天才脳」に育てよう。それが、私の育児のテーマになった。

CRAYON
CRAYON

息子は今年、15歳になる。「しあわせな天才脳」に、まぁ、少しは近づいてはいる。平均的な公立中学で平均以下の成績なのに、東大に行こうかな、などと超楽天的なことを言っている。理由は我が家から都バス一本で通えるからだそうで、発言の根拠は「その気になれば、行けるんじゃない？　ほかの人にできることが、おいらにできないという理由が見つからないから」だそうだ。いつ「その気になる」気なのか問いただしてみたいもんだが、怖くて聞けない母である。

でも、その前に、バイクで日本一周旅行に出たいそうで、バイクの研究には余念がない。内燃機関の詳しい構造を説明してくれといわれ、さすがに理系の母もお手上げである（だって工学系じゃないもん。宇宙論なら話してあげられるんだけどね）。

そのほかに夢中なのはダイス・スタッキング（コップの中にサイコロを入れて積み上げる、あれね）とガン・プレイ（ピストルをくるくる回したり早撃ちを競ったりするあれです）。ファンタジーも大好きで、英国と日本のシリーズものはおおかた読破している。放課後には、サックスを吹いている。何があっても信頼し合える、と彼自身が信じている親友がふたりいる。8月15日には、靖国神社で、静かに頭《こうべ》を垂れている。

将来は、「伝説のゲーム・クリエイター」になるそうだ。下積みを飛ばして、いきなり巨匠になるためにはどうすればいいかという戦略を、ときどき真剣に練っている。彼曰く、まず、ママ（私のことですね）がファンタジーで世界的な大作家になり、そのファンタジーのゲーム化権を引っさげて、自分がゲーム制作の監督におさまるというのがよい、らしいのだ。けど、彼が「伝説のゲーム・クリエイター」になるよりはるかに、私が「世界的な大ファンタジー作家」になるほうが難しいような気がするんだけど……。

今は、人から決してうらやましがられない成績の彼だけど、小学校1年のときに、お風呂で浮力と表面張力を発見した。その発想力が脳の奥に眠っているのだとすれば、もしかすると本当に伝説の何かになっちゃうかも、と、微《かす》かな期待を寄せる親ばかの母である。

でも、その前に、来年の高校受験をなんとかしてほしいけどね（切実）。

「本当に、それで、あなたの育児、成功してるの?」といわれると、歯切れのいい返事はまだできない。息子の育脳期間はまだ少し残っているし（脳は20歳までかけて成長しているのだ）、今のところ、どうにも判定のしようがないからね。

それに、正直に言うと、脳育ての手法の発見のいくつかが、彼の成長に間に合わなかったりしているのである。「あ〜、あのときああしてやればよかった」と悔やまれることがいくつかある。でも、ま、脳には手遅れというのはない。本来より時間はかかるけど、なんとかなると思う。

そして、言えることが、ふたつだけある。ひとつは、彼には、「自分のしたいことが見つからない」という事態はありえない、ということ。

常にわくわくして、何かに意欲を燃やしている。中学生になった今でも、幼い頃と同様、「どうして？」が一日にいくつも生まれる。昔は無邪気に「ねぇ、どうして？」と聞いてきたが、今は「おいらはこう思うんだけどさ、本当のところ、どうなのかな？」と自分の分析レポートを入れてくれるから、けっこう面白い。それに、常に何かの戦略を練っている。戦略のテーマは、方程式の攻略だったり、新しいパソコンをいかにして手に入れるかだったり、ダイス・スタッキングの新しい技の習得だったり、いろいろである。したいことが山積みで、いてもたってもいられない気分で眠れない、と訴えることがごくたまにある。テーマを与えると、面白い答えがいくらでも返ってくる。

もうひとつは、彼はキレにくい、ということ。親子喧嘩《げんか》で、母親の私が逆上して手をつけられなくなっても、彼は悠然と私の手を握り、「ママ、よく聞いて。おいらは、ママに抱きしめてもらいたいだけなんだ」と私を落ち着かせ、「もう一度、言うよ。よく聞いて」と言って自分の主張を静かに重ねる。舌を巻くほど、タフだ。

とりあえず、無気力とキレやすさとだけは無縁の脳に育ったらしい。この点については、最初の目論見《もくろみ》どおりの成功である。

というわけで、この本は、人工知能の専門家が、自分の息子のために、必死になって、脳と立ち向かった成果である。とはいえ、自分の息子の成長には、微妙に間に合わなかったので笑える。せめて誰かの役に立ててもらいたいので、本にしようと思う。

生きる力。
幸福に、生き抜く力。
母としての私が、息子に、どうしても持ってほしい能力だった。
同じような思いのある方に、きっと楽しく読んでいただけると思う。

目次

「しあわせ脳」に育てよう――目次

第1章　金のルール

子育ての基本

脳育ての基本として、親が、最も守らなければならない基本のルールがある。それは、4歳から12歳までの「早寝、早起き、朝ごはん、読書」である。特に思考と発想の基本機能が作られる9～11歳の3年間は、脳のゴールデンエイジと呼ばれ、脳の質を決定する重要な3年間になる。消えない好奇心、萎《な》えない意欲、豊かな発想力……幸福な人生を約束してくれる人間性の基礎は、まずはここで作られる。そのために欠かしてはならないのが、「早寝、早起き、朝ごはん、読書」なのである。

脳には、海馬《かいば》と呼ばれる知識工場がある。脳の成長期全般にわたって、この知識工場をいかによく稼働させるかは、脳育ての基本中の基本だ。海馬を最も効率よく働かせる方法が、この「早寝、早起き、朝ごはん、読書」なのだ。

脳にとって、あまりにも重要なルールなので、私は、子育ての「金のルール」と呼んでいる。子育てが面倒くさくてたまらない親も、とりあえず、これだけ守ってもらえば、後は子どもたち自身が長じてから何とかできる。言い換えれば、これをサボると、子どもが後にいくら努力をしても、精神的にジリ貧の人生ということになる。

早寝、早起き、朝ごはん。1985年までに子どもだった人たちにとっては、あまりにも当たり前のことだったからか、今や、すっかり軽視されている。

小学校の先生が口を酸っぱくして「早寝、早起き、朝ごはん」と繰り返しても、「学校より塾が大事だから、うちの子は夜型でけっこう」なんて、エリートの選択として、夜型を容認している親さえいる時代だ。しかし、脳の研究者として、警告しておきたい。それは、いけないとまでは言わないが、やはり危険な選択ではある。

子どもに夜型なんてありえない。子どもの脳は、朝型で成長するようにできている。成長中の脳は持ち主の知らないうちにもすることがいっぱいあって、朝・昼・夜とそれぞれにやることが違い、起きている間も眠っている間もフル回転なのである。親が勝手に夜型にしようったって、そうはいかない。夜型塾生活のおかげでお受験に成功しても、将来の発想力やコミュニケーション能力がごそっと欠けてしまったら、人生、台無しである。

とはいえ、夜型塾生活を「お受験までの特例措置」と考えている確信犯ならまだいい。中学に入ってから、昼も夜も寝て、気持ちのゆとりを取り戻しました、という子もけっこう多いからだ。この、本人が「気持ちのゆとり」と感じる脳の余裕感覚こそが、好奇心や意欲の源なのである。

1年くらい早寝しなくても、それまで早寝していて、その後ちょっとしたリラックスが許されるなら、取り戻すことは十分可能である。ゴールデンエイジを早寝して過ごした子に比べると、タフさというか柔軟性というか色気というか、心の粘性のようなものにやや欠ける傾向があるが、総じて問題はない。その分、学歴も人脈も選ばれた立場になるわけだから、プラスマイナスはゼロ。いや、親がステレオタイプの出世を望むなら、あっさりした思考スタイルは従来型のエリート向きだし、きっと、プラスなのだろう。

問題は親の無自覚で、夜更かしさせてしまうケースかもしれない。親たちが、ゲームや騒々しいバラエティ番組を深夜まで楽しんでいたら、子どもの脳は寝るに寝られない。子どもの脳を眠らせるには、親にも節度が必要なのである。夜のカラオケや飲み屋に子ども連れで……なんてこと、たまにはいいけど、よくあるならやっぱり問題。親になったら、子どもは安らかに眠らせる。最低限、それくらいの覚悟はしなくちゃね。

ちなみに、「早寝、早起き、朝ごはんが1985年までの子どもたちには、当たり前だった」と述べたのには、根拠がある。1985年は、初期型のテレビゲームが全国の家庭に行きわたった年なのだ。1985年は、私が結婚した年でもある。そう、忘れもしない、初めての夫婦喧嘩の原因はテレビゲームだった。マリオ（私）が避けた亀に当たって、ルイージ（夫）が死んだのがきっかけである。それまで、私に向かって嫌な顔ひとつしたことがなかった夫が、「信じられない！　今のは、当然、きみがシュートするタイミングだろう」と目くじらを立てたのだ。傷ついた私は、当然、倍の嫌味を言い返し、私たちは、私たちの歴史上初めての汚いののしり合いをした。悔しくておさまらない私は、その後マリオブラザーズの特訓を行い、寝不足の果てに腱鞘炎《けんしょうえん》にまでなってしまった。初々しい新妻を腱鞘炎にまでしたテレビゲームは、当然のことながら、日本中の子どもたちをも夢中にした。

1985年を「日本の子どもたちが午後10時に眠らなくなってしまった元年」と、私は定義している。寝床に入る時間が遅くなっただけじゃない。電子的な視覚刺激は、脳下垂体に長く残る。電源を消してもなお、しばらく脳は覚醒しているため、それまでの子どもたちとは、睡眠の質が格段に変わってしまったのである。1985年に12歳だった子どもたちが、2005年に32歳になっている。これ以下の年齢層にニートと呼ばれる、不就労・不就学の若者たちが激増しているのは周知のとおりである。

眠らない子だった者の脳が、一概に劣っているというわけではない。子ども時代に眠らないと、デリケートな脳の持ち主になってしまうのだ。それぞれに秀才だったり友達に優しかったり、人として優秀な脳を持っている。ただ、挫折に著しく弱い傾向があるのである。挫折に弱いと、何よりも本人がストレスフルで気の毒だと思う。好奇心が失せやすく、意欲が萎えやすい。そんな気持ちで生きてゆくのは大変である。そのような状態では、就学も就労も、続けるのは難しいと思う。

私が脳の研究を20年以上も続けてこられたのは、好奇心が消えないからだ。好奇心が湧《わ》かないのに、何かを我慢して勉強したなんてことは一度もない。そんなこと、私には一瞬たりともできない。脳から好奇心が消えたら、私だってニートになるに違いない。

眠らない子ども時代を過ごし、好奇心と意欲の萎えやすくなってしまった若者たち。ニートにならずにギリギリ頑張っている人たちもいるが、自分を励ましながら生きるのは相当厳しいはずだ。だからこそ、「癒し」や「自分さがし」がキーワードになる。若い人たちに鬱病《うつびょう》も増えている。

親として、そうなるとわかっている育て方を、したくはないと思いませんか?

なお、3歳以下の幼児に「早寝、早起き、朝ごはん、読書」を言わない理由は、彼らは、自分のペースで生活すべきだからだ。

幼児の脳は、頻繁に睡眠を必要としている。脳は、起きている間の新たな経験を、眠っている間に整理して知識にしているのだが、幼児というのはいつも新しい体験をしているので、頻繁に眠たくなるのである。

新しい体験をする（生まれて初めてうどんを食べる）、**眠って知識にする**（咀嚼《そしゃく》した感覚を脳に植えつける）、**起きてまた新しい体験をする**（レースのカーテン越しにゆれる春の光を見る）、**眠って知識にする**（その光の美しさと、お母さんが「春ね」と語りかけてくれたことばを反芻《はんすう》する）、**そうして、どんどん知識を構築しているのだ。**

よく「知識を吸収する」という言い方をするが、あれは違う。知識は寝ている間に構築されるのである。起きている間の学習や体験は、脳に「データとして記録されている」にすぎない。その場で吸収されるわけじゃない。

起きている間の体験の、脳にとっての密度によって、眠りのリズムは微妙に変化する。あるいは、軽い眠りを頻繁に必要とする子と、深い眠りで一気にすましてしまう子がいる。これは脳の性質によるものなので、どちらがいいとも言えない。

ただ言えるのは、昼であろうと夜であろうと、彼らの脳が睡眠を必要とすれば、彼らは勝手に眠る、その自発的なペースが、この時期の脳にはとても重要だということだ。早寝が必要というより、「自然に眠くなり、そのつど寝られること」が重要。早寝させようとして、あえて夕方寝を阻止する必要はない。

しかし、おとなたちが、夜こうこうと部屋の電灯を照らし、大音量でテレビをつけていたりすれば、彼らの脳のペースそのものが狂ってしまう。自然に眠くなるはずのシーンで、変に覚醒してしまうことになる。同じ理由で、3歳以下の子に、お稽古《けいこ》事の忙しいスケジュールを押しつけるのも疑問である。

夜は暗く静かに、朝は朝日を部屋に入れて、昼間は陽だまりでゆったりまどろむ。人類の子どもたちが何千年も繰り返してきた自然な暮らしの中で、自分の脳のペースでもって、自分という存在を知り、自分を包み込んでいる「世界」というものがあるのを知ること。それが、人生最初の3年間にすべきことなのだ。

たった3年で、自我と外界の認識の基礎を作るのは意外に忙しい。やわらかな春風に人々の気持ちがほどけることや、夏には木々に生命力が吹き出して、人々の気持ちが開放的になること。そんな情緒の基礎の基礎も、この時期に獲得する。一見「ほえ～」としているようだけど、寝ても覚めても幼児脳はフル回転なので、幼児というのは基本的に暇でなくちゃいけない。「早寝、早起き」でさえも、外部からの操作である以上、あまり強制はしないほうがいい。

このような脳の出来事を知るものとしては、3歳までの超多忙な幼児脳に、英才教育を施《ほどこ》す理由が皆目わからない。かわいそうでしようがない。

13歳から15歳の3年間も、マイペースに眠るべきときである。この3年間は、物心ついた後の人生では、最も眠いときかもしれない。この時期なぜ眠くなるかは後の章で詳しく述べるが、この年頃の子どもたちも、夜となく昼となく眠くなる。親からしたら、大きな図体して夕方寝なんかしてだらしない、と感じるかもしれないが、眠っている間の彼らの脳は、赤ちゃんのときと同様にフル回転である。どうか、大目に見てあげてください。

というわけで、3歳までの幼児期と、13歳以上の思春期は、彼らの脳のペースを優先してやるとき。親が子どもの脳に、能動的かつ意図的に、しっかり何かしてあげられるのは、4歳から12歳までの9年間にしかすぎない。しかも、脳には自分で育つ力が備わっているため、実際に親ができることは、脳の成長のサポートにしかすぎず、その最良の手段は「早寝、早起き、朝ごはん、読書」に尽きる。これは、子どもの脳にとっては最上の黄金ルールであり、親たる者の最低限のルールである。

では、この古典的な子育てルールが、脳に、どんな黄金の作用を与えているか。とくとご覧ください。


あ。そうそう。追伸です。

真面目なお母さんは、「早寝、早起き、朝ごはん、読書」の重要性を把握すると、「早寝、早起き、朝ごはん、読書」教の信者みたいになっちゃうことがある。「今日は12時まで起きていたから、子どもの脳を2時間分ダメにした」とか「朝ごはん食べなかったから、今日の授業は無駄になる」とか、できなかったことを数え上げて、ノイローゼみたいになってしまう方が、たまにいる。

そこまで思いつめる必要はないので、どうかリラックスしてほしい。知っていると知らないのでは、累積ではずいぶん違う。それで十分。

人間だから、機械のタイマーのようなわけにはいかない。眠れない日もあれば、食欲のない日もある。子どもも、自分も追いつめないでね。

早寝　睡眠中に脳は作られる

午後10時から午前2時の、暗闇での熟睡を子どもたちに与えてあげてください。暗くて眠れない場合は、足元に間接照明を。直接目に入る光源はNG。ビデオのタイマーなどの点滅が目線の先にないかどうかも確認してください。午後9時にはテレビ、パソコンなどの電子的な視覚刺激を停止し、9時45分にはベッドに。

ゲームやインターネットの時間を確保したかったら、早朝にどうぞ。

脳が成長するのは、睡眠中である。寝ている間に、脳は賢くなるのである。知っていましたか?

脳には、海馬《かいば》と呼ばれる知識工場がある。海馬は、脳の持ち主が眠ると活性化して、

今日の体験を知識に変換する。
つまり、私たちは、脳の中に、「眠らなきゃ働かない知識工場」を持っている。ここが、夜ごとに、脳を賢くしてくれているのである。

海馬は、今日の体験のうち、気になる場面を何度も追体験して、そこから知識を作り出している。追体験とは、ビデオの再生のようなものだが、五感で感じ取ったことをすべて再生するので、実際の体験と変わらない臨場感だ。さらに追体験では、実際の体験を少し変えて、仮想体験まで味わう。そうして海馬は、具体的な体験的知識から、抽象的な枠組みまで、さまざまな知を見つけ出す。

たとえば、ある少年が、今日、Aちゃんというクラスの女子に意地悪をされたとする。夜眠った後、海馬がその場面に至るシーンを何度も追体験し、Aちゃんの意地悪さを解析してデータ化する。過去の似たようなシーンにも照らし合わせ、Aちゃんが意地悪になる条件を割り出して、今後、意地悪されないように防御する工夫につなげてゆくのだ。

Aちゃんに関する追体験は、海馬の工夫によって、事実とは少し違った仮想体験になることもある。登場人物が入れ替わったり、場所が入れ替わったり、ときには、まったく奇抜な組み合わせで、奇想天外な仮想体験をも作り出す。Aちゃんが悪魔に変わって、追いかけてくるとかね。その瞬間、脳の持ち主は、悪夢にうなされるかもしれない。しかし、この奇想天外な仮想体験がイマジネーションを生み、将来の想像力・創造力につながり、ストレス解消にもなっている。脳がすることに無駄はないのである。

さらに、海馬は、Aちゃん以外の女の子の過去の意地悪データにも照らし合わせ、「女は、こういうときに意地悪になる」という、より抽象的な知識をも作り上げる。

こうして、女の扱いが上手なイケメンの脳が、夜、作られていくのである。

学校の勉強は、最初から「知識」のかたちで習う。けれど、これもまた海馬が整理して知識化するまでは、脳にとっては短期間キープされる記憶にしかすぎない。引き算を習った晩、子どもの脳は、引き算の構造を知識化する。足し算の知識と照らし合わせているうちに、数の世界の簡潔な美しさに目覚めたりする。そこには、教師や親の想像を超える知の営みがある。

「勉強」は、睡眠によって完成する。勉強を超える奥深い知性も、日常に役立つ生活の知恵も、睡眠中に作られる。

子どもの安らかな睡眠の確保は、親の重要な義務だってこと、わかっていただけましたか？

ちなみに、海馬は、脳の持ち主が生きている限り働き続ける。アイデアやインスピレーションを生み出すためには、夜ごとの海馬の支援は重要だ。各界のプロフェッショナルが発揮している勘やイマジネーションも、海馬が働かなくては維持できない。だから私は、アイデアが出なくなったら潔く眠ることに決めているのだが、アーティストやデザイナー、事業家や学者などの中には「考えに詰まったら寝る。寝起きに必ずアイデアが浮かぶ」という人はかなり多い。眠る、というのは、かなり高度で上質な知の行為なのである。

昔から「果報は寝て待て」とはよく言ったものだ。別のことわざに「下手の考え休むに似たり」というのがあるが、脳科学的見地からしたら「下手の考え休むに劣る」が正解。休むと同じどころか、休んだほうがずっと賢いのだから。

さて、身体が成長するのも、実は睡眠中である。

骨と筋肉の新陳代謝を促《うなが》す成長ホルモンは、睡眠中に分泌される。成長ホルモンは一生分泌され、おとなにとっては美肌やボケ防止の秘訣となるありがたいホルモンだが、その性質上、大量分泌期に突入するのは6歳。そこから13〜14歳くらいまで絶頂期をキープし続け、個人差はあるが普通は17歳くらいまで潤沢に分泌されている。

つまり、4〜12歳までの睡眠は、脳のみならず体格の成長にとっても重要だということになる。昔から「寝る子は育つ」とはよく言ったもの。やはり、先人の知恵は軽視できない。

こうして、子どもたちは、脳も身体も睡眠中に成長する。成長期の子どもにとって、上質の安眠を与えることこそが、最も素晴らしい成長支援なのである。子どもの睡眠時間を減らして、塾だの英語教育だのって、「まじかい?」って、感じだ。

さて、その睡眠であるが、いつ寝ても同じというものじゃない。

睡眠には、その効果が最も高くなるプラチナタイムがある。午後10時〜午前2時の間である。

目の網膜が闇（ある程度以下の光量減衰）を感じると、脳には、メラトニンと呼ばれる脳内物質が分泌される。この分泌量のピークとなるのが、午後10時から午前2時の間の4時間なのである。

メラトニンは、上質の眠りを作り出し、成長ホルモンの分泌を促《うなが》し、海馬を活性化させる、身体と脳育ての「夜の立て役者」だ。メラトニン分泌睡眠と、そうじゃない睡眠では、睡眠中の出来事が違う。睡眠の質が違うのである。

毎日の上質の睡眠は、身体の成長と、賢くなるための必要条件。その上質の睡眠は、午後10時から深夜2時の間に取らなければ確保できない。

子どもを午後10時に入眠させようと思ったら、少なくとも1時間前には、ゲーム、コンピュータ、動きの激しいテレビ番組などの電子的な視覚刺激を止めさせなければならない。電子的な視覚刺激は、止めた後もしばらく脳下垂体に反応が残り、脳を興奮させている。特に男の子は、視覚刺激に対する反応がいいので、気をつけてあげて。

9時にはテレビやコンピュータの画面を消し、9時台を勉強の補足、読書などで過ごし、9時45分には寝床に入っているというのが好ましい。

そのためには、遅くとも7時半には夕食、その前後に入浴と宿題をすませてしまう必要がある。働くお母さんや、塾通いの子どもたちは頭を抱えるところだろう。しかし、なんとか工夫してほしい。毎日じゃなくてもいいから、せめて塾のない日は眠り優先の日に。

私は働き続けるつもりだったので、出産と同時に主人の両親の家に同居させてもらった。子どもの安定した生活時間を確保するためだ。職人夫婦の義父母は、判で押したように午後6時半に夕飯を食べる。私が8時に帰ろうが10時に帰ろうが、子どもは同じ時間に夕飯を食べて、しあわせそうに夜のひとときを過ごしてくれていた。

さらに、ゴールデンエイジの睡眠を確保するために、中学受験はあっさりあきらめた。とはいうものの、この時期、私自身がコンサルタントとして日本中飛び回っていて、深夜帰りはざらだった。息子の安眠を確保したとは言いがたく、本当に心残りだ。

母親のせいでゴールデンエイジに安眠を確保し損ねたので、我が家では15歳までは眠り優先にすることに決めた。私はコンサルタントをやめて、夕方はできるだけ家にいられるような環境を確保した。夕方寝が自由にできるよう、塾ではなく、通信教育を採択した。その上で午後10〜午前2時安眠もできるだけ守っている。息子はコンピュータオタクの中学生になった今でも、深夜のコンピュータは頑張ってオフ。代わりに早朝5時に起きて、コンピュータに向かっている。部活があるので、夕方の時間が混み合うため、入浴も基本的には朝である。この夏に15歳になったら、後は睡眠時間を削って頑張ることになる。とはいっても、ここまでは脳育てを優先してきたので、高校受験の成果はたいして期待できないだろう。大学受験に照準を絞るしかない。

母親の私が自分自身の研究とキャリアを追求してしまったので、息子には負荷がかかっている。大事な睡眠も足りなかったし、成績もかなり足りない。一般常識にも偏《かたよ》りがある。ま、けど、これも縁である。研究者の母を持つ分、何かのものの見方が、ちょっと豊かなんじゃないかな、と思いたい（祈りたい）。

こうして、それぞれの家の事情があるだろうけど、ギリギリまで工夫すべきだと思う。それにしても、「子どもを、なんとか10時に寝かせよう」「とうてい無理！」なんて会話、50年前の親たちが聞いたらびっくりだろう。そう、昔の小学生が普通にしていたこの暮らし、現代の小学生には至難の業《わざ》なんだよね。けど、誰もができないから、勝ち組になれる。そういうことじゃないだろうか。

睡眠環境で忘れちゃいけないのは、網膜にある程度以上の光量が当たらないようにすることだ。できれば真っ暗な部屋で眠らせたい。もしも、暗い部屋を怖がるようなら、足元に間接照明を。天井の豆電球は光源が直接目に入るので、光の量は少なくても網膜が感知してしまうからだ。ビデオの時刻表示や、留守番電話の点滅ランプ、家電の待機電流を知らせる灯りなどが直接目に当たらないかも確認しよう。外のネオンサインや街灯もくせものである。少しでも入るなら、遮光《しゃこう》カーテンを使ってしっかりカバーしよう。

ちなみに、成長ホルモンを分泌させ、海馬を活性化する上質の睡眠は、おとなにだって有効だ。美肌で、賢く、発想力の豊かな女性がもてないわけがない。職場では、アイデア豊かなタフなビジネスパーソンとして重宝される。成長ホルモンは若返りホルモンともいわれ、加齢トラブルも軽減する。「寝る子は育つ」だけじゃなく、「寝る娘はもてる」「寝る実業家は儲《もう》かる」「寝る女はいつまでも若い」などなど、上質の睡眠の効用の幅は広い。子どもと一緒に、家族で朝型生活に切り替えるのも賢いかもしれない。

早起き　朝5時台の起床がしあわせ脳に

朝は脳の勝負時。5分でもいいから6時より早く起きてください。朝の光を浴びて、身体を動かすのが理想的。体操や散歩などは◎。

さて、次は早起きの脳への効用だ。

いい睡眠をとるためには、いい覚醒時間を過ごさなくちゃならない。覚醒時間の質は、起きる時間が決めるといっても過言ではないのである。

まずは、朝5時台に起きること。

これは、インドの古代生理学アーユルヴェーダが推奨している、目覚めにふさわしいとされる時刻である。

最近になって、脳の潜在能力の研究が進み、私たちの脳が地球の自転をカウントしていることがわかってきている。「一回転した」と脳が感知してカウントアップしているのは、東京周辺の被験者についてはすべて朝7時台であり、日照時間などの季節の変動にかかわらない。

ここから推測されるのは、私たちの脳には、時刻に連係して作られる一定のリズムがあるはずだということ。たとえば、覚醒しやすい時間、熟睡しやすい時間、ほっとしやすい時間、イライラしやすい時間、不安を感じやすい時間があるのではないかということだ。少なくとも、いくつかの脳内物質（ホルモン）には、分泌しやすい時間帯が存在する。「早寝」の節で述べたメラトニンも、季節にかかわらず午後10時～午前2時が分泌のピーク時間になっている。

この事実を知り、私は「人は何時に起きるべきか」というデータを探していて、アーユルヴェーダの「5時台の目覚め」に出会ったのである。アーユルヴェーダによると、午前6時～午前10時は意識が重くなりがちな時間帯のため、寝覚めがしんどく、一日中それを引きずるとされる。わずかでもいいから6時前に起きなさい、5時台の目覚めは一日を爽快《そうかい》にしてくれる、という。

睡眠と覚醒に関する潜在脳の研究は、まだ始まったばかりだ。5時台覚醒の効用は、現時点では学術的常識にはなっていないが、いずれそうなるだろう。何百年も語り継がれてきたことを軽視する理由はない。

というわけで、私の目覚まし時計は、5時55分にセットされている。たしかに一日の気分がまったく違うので、最近は休日でも、いったんここで起きることにしている。

さて、では覚醒した後、脳には何が起こるのだろうか。

朝は、セロトニンという脳内物質が分泌する時間帯なのである。

「早寝」の節で、目の網膜が闇（ある程度以下の光量減衰）を感じたときに、脳に分泌されるメラトニンという脳内物質の話をしたが、これとは逆に、網膜が明るい自然光（ある程度以上の光量）を感じたときに、脳に分泌される脳内物質がセロトニンである。

セロトニンは、「しみじみと満ち足りた気持ち」に関与している脳内物質で、最近、鬱病《うつびょう》を抑制している物質として脚光を浴びている。

つまり、セロトニンがよく分泌されている脳は、満足感や充実感を感じやすいのである。

私たちは、「いい思いをしたから、満足感を感じる」と思っている。美女に生まれて、いい仕事ができ、イケメンにちやほやされ、おいしいものを食べて、なのに太らなくて、子どもも出来がよく、亭主が優しくて、お金持ちだったら、きっと満ち足りた思いをするだろうと考える。

けど、そういうものでもないのである。毎日、ちゃんとセロトニンが分泌されている脳は、ささやかなことでしみじみできる。朝日がきれい、風が心地よい、信号がジャストタイミングで変わった、子どもが笑った、パパが今日も元気で会社に向かった……そんなことでしあわせなのだ。で、肌がイキイキして、瞳が潤《うる》む。

一方、セロトニンが足りないと、イケメンが何人かしずいてくれてもイライラする。高収入の夫が頑張って家事を手伝ってくれたって、不満は募るばかり。幻の大田原牛にトリュフを乗せても、満足感は寝るまでもたないと思う。

脳というのは、ある意味、平等なものなのである。基本的には、自己満足できるようにできている。セロトニンを分泌させてあげれば、ね。

そして、しみじみとした満ち足りた気持ちになりやすい脳は、やる気を失わない脳でもある。少し頑張れば、その分しあわせになれる。もう少し頑張れば、もう少ししあわせになれる。そういう仕組みでものごとをとらえられるのだから、当たり前である。悔しさや貧しさのようなハングリー精神から生み出される「やる気」は、実のところ、そう長い期間は続かない。それに、ストレスで身体を痛めつけることになる。満ち足りた気持ちと共にある「やる気」は、いつまでも萎えないし、いのちを削らないですむ。

つまりセロトニンは、消えない「幸福なやる気」を生み出す泉なのだ。子どもたちにとって、いや人間にとって、どんなに大切な脳内物質かわかっていただけたと思う。

セロトニンは、朝日を浴びて反復運動をすると、分泌量が格段に増えるそうである。朝日を浴びて、顔を洗ったり、家事をしたりという定型の動きに入る。それだけでセロトニンは分泌し始める。

更年期鬱《うつ》を感じたら朝の散歩をしてみるといい。おじいちゃんの朝のラジオ体操や乾布摩擦も重要な意味があったのだ。ましてや子どもの午前中の外遊びをや、である。

さて、このように早起きをすると、やる気の源・セロトニンが分泌し、一日中、頭が冴《さ》えまくる。これだけでも、早起きをする価値はある。しかし、ほんとうの価値は、実のところ、そんなもんじゃない。

セロトニンは、「しみじみと満ち足りた気持ち」に関与している。実は、この昼間の情感が、夜の知識工場・海馬《かいば》の働きに大きく影響を与えているのである。

海馬は、脳の持ち主の睡眠中に、昼間の経験を再生（追体験）して知識に換えている。このとき、必要なら何度も再生し、昔の知識と照らし合わせたりもするので、起きている間のすべての体験を万遍なく知識にするには時間がいくらあっても足りなくなってしまう。そこで脳は、今日の体験のうち、ある印がついているものを優先し、かいつまんで知識化するのである。

この印は、DVDのサーチポイントのようなもの。効率よくサーチするために、そこまで、さぁっと飛んでくれる。というか、飛んでしまうのだ。この印がいつつけられるかというと、心動かされて「しみじみした気持ち」になったときなのである。

したがって、「しみじみと満ち足りた思い」や「しみじみとうれしい思い」「なるほどと腑に落ちた完遂感」のような情感とともにある経験は知識になりやすい。つまり、情感の豊かな子は平坦な授業からでもどんどん知識を得て、無感動の子はエンターテインメント型の塾でいくら頑張らせても空しい、ということになる。

しかも、この「情感の豊かさ」は、情操教育だのなんだのと難しいことを何年も積み重ねなくても、「早起き」で手に入るのである。

ね？　「早寝、早起き」を実行しない手はないでしょう？

評論家はよく「感動のない教育はダメだ」と言うけれど、感動は与えるものじゃない。子どものほうに感動する力があるから、感動があるのだ。「遅寝、朝寝坊」の児童生徒を預けられて、「感動させろ」といわれても、現場の先生がかわいそうである。その構造に、私は心底、同情する。

朝ごはん　脳への燃料補給

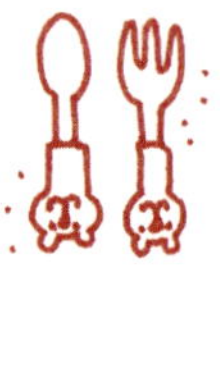

朝ごはんは、脳を動かす燃料です。
脳は糖を多量に使うので、質のいい糖質に転じる炭水化物と、身体を燃焼モードにしてくれるアミノ酸（たんぱく質）**は必須。**
ごはん＋味噌汁や納豆、パン＋卵やチーズなど、オーソドックスな組み合わせは◎。

脳はたくさんの糖を消費している。脳の燃料と言ってもいい。子どもが甘いものを好きなのは、脳が活発に動いているからなのだ。

そういえば、その昔、上流階級の子どもたちは、「おめざ」と言ってお昼寝から目覚めたときに、お菓子をもらったそうである。知識工場をフル回転させた直後だから、糖を欲している脳に甘いものはさぞかしおいしかったろうし、目覚めもよくしてくれ

たのだろう（ちなみに、おとなの女が甘いものを好きなのは、また別の理由である。甘いものの陶酔感は性欲中枢の刺激とよく似ているので、恋の代替になる。寂しい女が太るのは、恋をしていないと甘いものがほしくなるから。「私がチョコ好きなのも、脳の働きが活発だから？」なんて言っている場合じゃないですよ）。

睡眠中に知識工場をフル回転させた脳への燃料補給が、朝ごはんの目的だ。成長期の子どもたちは、眠っている間に成長と知識工場の両方で燃料を使い切るので、ここで糖とアミノ酸の補給を行わないと、午前中の脳はほとんど働かない。朝ごはん抜きの子どもの午前中の授業内容は、その夜の知識工場の生産ラインにほとんど送り込まれないはずだ。したがって、朝ごはんは、最も重要な「0時限目の必修科目」と言ってもいいくらいである。

脳の燃料としては、質のいい糖質に転じる炭水化物と、身体を燃焼モードにしてくれるアミノ酸（たんぱく質）の組み合わせが必須。パン、ごはんなどの炭水化物と、味噌汁、納豆、豆腐、小魚、卵、チーズ、牛乳などの組み合わせを上手に作ってほしい。……ということは、まぁ、ごく普通のオーソドックスな朝ごはんってことですね。

もちろん、野菜や海藻《かいそう》がいらないってことではない。新陳代謝や病気への抵抗力など、脳の知識活動以外にも、身体は働いている。ビタミンやミネラル、カルシウムももちろん摂《と》らなきゃいけないのだろうとは思うのだけど、このあたりの食育全般については、私の本ではカバーしきれない。ごめんなさい。

とりあえず、成長期の脳が「昼食まで我慢できずに、欲している」のは、炭水化物とアミノ酸である。


ちなみに、睡眠中の海馬の仕事がさほど活発でない人生後半の人たちにとっては、朝食はそれほど重くないほうがいいという説もある。アーユルヴェーダでも、起き抜けに空腹を感じる人以外には11時頃の朝昼兼用食を推奨している。睡眠時間が短い現代人は、3食食べると、胃腸が休む時間が足りないのだそうだ。ただ、人種や体質によるので、あくまでも、食べたほうがいいのか、食べないほうがいいのか、体調を自分で判断するようにといわれる。

たしかに、成長中の脳や活発なアイデアを出し続けている脳でなければ、燃料切れは起こしにくい。朝食を抜いて、消化器をいたわるほうが重要といわれれば、そうかもしれないと私も思う。

しかし、この朝食抜き健康法、成長期の学童には適応しにくいと思う。もちろん、体調にはさまざまあるので断定はしにくいが、おとなと子どもの朝食をいっしょくたにすることはできない。

「子どもも食べたくないって言ってるし、最近は、朝食抜きも健康にいいって話も聞くし」なんて、聞きかじりで、朝食を軽視しないでほしい。

まぁ、夜ぐっすり寝て、5時に起きたら、健康な小学生が「朝、食べたくない」なんて、言わないと思うけどね。

読書　ユニークな発想の素

読書は、海馬に知識の「素《もと》」を提供します。

3歳から7歳までは、自分と同じ年頃の登場人物やペットなど、自己投影できる題材を。母親の読み聞かせや、本人の音読を組み合わせると◎。物語の語り聞かせも、ぜひ。

8歳から12歳までは、ファンタジーや科学本、海外文学、歴史文学など、日常とは違う世界観を味わうと効果的。10歳の後半くらいからは、ぜひ大作に挑戦してください。

脳は、夜ごと、日常体験や学びの記憶を知識構造に換えている。このとき、ちょっと想像を超える記憶の組み換えも試して、発想力につなげているわけだが、この「ユニークな記憶」の素は、ごく普通の日常を過ごしているだけじゃ、なかなか数を増やせない。これを補足してくれるのが、読書なのである。

3歳から7歳までは、自分の身体と外界との関係性を直感として理解するとき。できるだけ豊富な生活体験を与えてやりたいけど、「アメリカ人の少年として、大型犬と暮らす生活」とか「お母さんが病気で、寂しがる妹を励ましながらも心細い生活」なんて、そう体験させてやれないでしょう？　なので、この時期、自己投影できる登場人物の本を数多く読んで、「脳の体験」そのものを増強するのである。

本の中の登場人物の所作《しょさ》、微妙な心理体験、周囲の反応、木や空や風の音……3歳から7歳までの子どもの脳にしてみたら、あたかも自分が体験したことのように鮮やかだ。

このとき、誰かが目の前で声に出して読んでくれたり、自分自身が声に出して読むと、より体験がリアルになる。

発音体感は、身体感覚と空間認識をつかさどる小脳を刺激する。小脳の「身体感覚を制御する機能」は、たとえば、歩くとか、コップの水を飲むなどの、複雑な制御を必要とする動作に関与している。言語を流暢《りゅうちょう》にしゃべるという動作にも、小脳が一役かっている。

小脳のこの機能は、生まれてからずっと発達し続けていて、8歳をもって一応の完成をみる。3歳から7歳は、どんどん発達する頃である。したがって、この時期、読書に音読を導入すると、非常に効果的だ。

とはいえ、音読はけっこうエネルギーを使うので、面倒くさい。強要すると、読書嫌いになる子も多い。「ママが洗濯物をたたんでいる間、暇だから、読んで聞かせてほしいんだけどな」などとねだって、ママのためにうれしく読むシーンを演出してあげてはどうかしら。それから、なにも本人の音読でなくたって、親や兄姉の読み聞かせでも十分なのだ。

実は、私たちの脳は、目の前の誰かの発音を、あたかも自分の発音のように感じるという能力を生まれつき持っている。この能力のおかげで、ヒトは発話ができるのである。したがって、面倒くさがる子に音読を強要することはない。母親が、読み聞かせてやればいいのである。

この時期、物語の語り聞かせも、非常に効果的。絵もなく文字もない、優しい暗さの中で、母親や祖母が添い寝して語り聞かせてくれるおとぎ話。そんな体験もぜひ、3歳から7歳までに、たくさんしてあげてほしい。

私は、新発見をした研究者で起業家なので、ただただ発想力で仕事をしているようなものだが、この発想力の基礎を作ってくれたのは、母である。物心ついたときから小学校3年生まで、母は毎晩、本を読み聞かせてくれていた。祖母が添い寝してくれるときは、奇想天外なおとぎ話！

今でも、寝入りばなに、ふと、母が本を読んでくれた声を聴くときがある。本当に耳元に30代の母がいるような臨場感で。そんなときは、翌朝、とんでもなく愉快なアイデアが浮かんだりするのだ。おかげで、私は自分の会社も持った。私の研究成果を求めてたくさんの人が来てくれるし、テレビや雑誌にも出るようになった。7歳までの読み聞かせと語り聞かせ、少なくとも私の人生には、塾よりよく効いた。

ちなみに、8歳近くなると、文字を見ただけでも発音体感が実感できるようになるので、母親の読み聞かせもうっとうしくなる。子どもの関心が薄れたようだったら、

Water
Wednes-day
Numeral
1 2 3 4 5
Numeral
Impudent
Seaman
Nest

読み聞かせは引退していい。もちろん、ねだられたら素敵なこと。ぜひ、続けてあげてください。

8歳になると、言語脳が完成して、長い文脈を把握できるようになる。こうなったら、ぜひ、シリーズものを読んでほしい。我が家の息子は、パソコン通信を使って身近な事件を解決していく小学生の探偵団シリーズに夢中になっていた。私自身は、『ナルニア国』シリーズ！　私の弟は、「ゆかいなヘンリーくん」シリーズだ。これは、アメリカの中流階級の少年ととぼけた雑種犬の、「とほほ」で愉快な日常の冒険話である。このシリーズは1970年頃のベストセラーだから、この本をお読みのお母さんたちも懐かしいのでは？

一度完結した物語の主人公が、時と場所を変えて登場する、というのが、言語脳完成期（8歳）以降の脳にはたまらないのである。自己投影できる同じ年頃の登場人物＋《プラス》日常から入る冒険＋シリーズもの、が、キーワードだ。

8歳から12歳までの間にいいシリーズものに出会えるかどうかで、その後の本好き、本嫌いの傾向はかなり決まってしまうと思う。図書館で偶然出会えたらいいけれど、そうでなかったら不運だ。この年頃にどんな本を読んでいるか、親も気をつけてあげよう。

日常の冒険を読みこなしたら、想像を超える世界観にも出会うべき。ファンタジーの大作、世界文学、科学本、歴史ものなど、12歳までにいろいろ体験させてほしい。

さて、「想像を超える体験の補足」という意味では、映画やゲームもまた、一役かってくれる。8歳から12歳までの間には、いい映画も観せてやりたい。ゲームは罪ばかりが強調されるが、3次元系の仮想体験は、男の子の想像力の支援にはけっこういいツールだ。ゲームで育った世代には、突き抜けたアーティストが増えると思うよ。入れ込みすぎに注意して、睡眠の質を確保してやれるなら、かたくなに禁止するのは惜しいような気がする。

ただし、映画やゲームは、読書の代替にはならない。文字から、映像やその他の感覚を仮想的に作り上げる脳の行為は崇高で複雑。他のメディアでは、ここまで脳を鍛えることはできないからだ。あくまでも読書を機軸に、映画やゲームを楽しませてあげてほしい。

なお、赤ちゃん期の絵本は、知識の素というよりも、お母さんとのコミュニケーションの道具として有意義だ。

おもちゃのひとつなので、複雑な絵やストーリー性のある絵本より、単純な絵で、リズム感のいい短いことばの絵本が理想的。絵本よりも、読んでくれる母親に関心が集中するけど、「ちゃんと絵本を見て」と叱らないで。「ばぁ」とか「ど〜ん」と言うお母さんがうれしいのである。たまには、目をむいたり、ひっくり返るくらいのサービスをしてあげよう。

第2章　脳の力

脳の4機能

繰り返しになるけれど、脳には大きく分けて、4つの機能がある。

無意識のうちに作動する「感じる力」、意識的に働かせる「考える力」、そして、無意識と意識をつなぐ直感力の3つ、さらに、眠っているときに働く知識工場がある。

いい脳とは、この3つの力と知識工場が、どれもよく働いている脳のことをいう。

フェロモンの話

脳は、脳の持ち主が気づかないうちに、想像を絶する力を発揮している。その潜在力のすごさに気づいていてもらうために、まずは、この話を聞いていただきたい。

「若い女性は、自分の好みのタイプの男性を〝匂い〟で嗅ぎ分けている」ということが、ごく最近、明らかになってきた。ある実験によると、その射程範囲は、なんと数十メートル。街角のはるか向こうの、見えない男性の匂いをも、嗅ぎ分けているのである。

もちろん、皆さんもそうして、パートナーと出逢ってきたのである。ふたりが出逢った頃、なぜか偶然会うことが重なって、「よく、会いますね」なんて声を掛け合ったことは？ これは、匂いの好みが一致した、生活パターンが似ているカップルにはよくあること。

彼の匂いに向かって、彼女が知らず知らずのうちに移動しているので、コンビニの陳列棚の切れ目に偶然、彼がいたように見えるのだが、本当は、彼（正確には、好みの匂いの発信源）に向かって、彼女の潜在意識が、彼女を導いている。

この〝匂い〟こそが、最近、香水などの成分で話題になっているフェロモンである。嗅覚が受け取る情報なので、一般に「匂い」といわれるが、実際には、食べ物の匂いのようなものとは違った入力経路をたどるため、本人が「くさい」とか「いい匂い」

というふうに自覚しなくても感じている、ちょっと不思議な匂い成分なのだ。

フェロモンは、男女どちらも発していて、男女どちらも感じているが、男性は、わけあってフェロモン感知力が鈍くなっているので、数十メートル先から好みの相手に突進してくるのは、女性のほう。

男性のフェロモン感知力が鈍いのは、生殖のチャンスを増やすためだ。

1回の生殖（妊娠、出産、授乳）に関与する時間が、ヒトのメスは約2年。したがって、遺伝子の組み合わせに失敗してしまうと、2年という長い時間を無駄にすることになる。

1回の出産で産む子どもの数が少なく、授乳期間を要する哺乳類のメスは、生殖リスクがかなり高い。中でもヒトは、授乳期間が終わっても子どもが自立しないため、動物界最大の生殖リスクを背負っており、動物界一好き嫌いが激しいのである。

一方、オスのほうは、これに比べて生殖リスクは極端に低い。極論を言ってしまえば、女性の2年に対し、男性は2分でも生殖に関われる。したがって、「目の前のメスがその気になったら、その気になる」オスのほうが、結局は多くの子孫を残せて、遺伝子的には得なのである。

このため、男性ホルモンが、男性脳の右脳と左脳をつなぐ情報線を細くして、「感じる力」で感じたことを、「考える力」のほうへ、すぐにはつながないようにしている。自分の好き嫌いよりも、相手の発情につられるようにできている。

だからこそ、多くの動物のオスは、美しく勇壮な自分を広くメスにアピールして、メスの反応を待つ。プロポーズする側にして、結局は受け身、メスに決定権があるのだ。もちろん、複数のメスが応えてくれれば、そのメスたちに応えようとする（応えたい？）本能がある。

したがって、夫が美女の誘惑を断って帰ってくるのは、妻がイケメンの誘惑を断って帰ってくることの1000倍も大変。今日も、何事もなく（たぶん）家に帰ってくる夫に感謝、である。


さて、このフェロモン、実は、とてつもなく重大な役割を担っている。

ごく最近の研究で、この匂いが、免疫に関わる遺伝子の型によって違うということがわかったのである。

もしかすると、その他の遺伝子情報も匂いに関わっているのかもしれないけど、今のところはまだ不明。とりあえず、動物たちは、それぞれに、免疫に関わる遺伝子情報をかなり正確に匂いで表現していることだけはわかっている。

すなわち、動物は、自分の遺伝子の一部の情報を体臭として発散し、周囲にアピールして生きている。「私の免疫に関する遺伝子型は、これ！」と。

匂いを嗅いだ異性は、その匂いから、ちゃんと遺伝子型を感知する。そして、遺伝子の組み合わせの良い相手に発情するのである。

つまり、フェロモンは、できるだけ優秀な子孫を残すために、動物たちがつがう前に、相手の遺伝子情報を知るシステムなのだ。つがってしまってから、遺伝子の組み合わせが悪かったと知っても、リスクが大きすぎるから。

ちなみに、遺伝子の組み合わせが良い相手とは、自分の免疫に関する遺伝子型と合わない相手のこと。

一生のうちに、いかに多くの免疫の組み合わせを残すか。

これは、生命の基本的な使命である。より多くの遺伝子のバリエーションがあれば、生存可能性が高くなるからね。すなわち、細菌に強い遺伝子セット、飢餓に強い遺伝子セット、寒さに強い遺伝子セット、胃がんに強い遺伝子セット、脳卒中を起こしにくい遺伝子セット……さまざまな遺伝子セットを残しておけば、生存可能性は当然上がる。1種類の遺伝子セットしか残さなかったら、たった1回の伝染病や寒波で、種が絶えちゃうもの。

脳というのは、本当によくできたシステムなんだなぁと感心せざるを得ない。


こうして、出産適齢期の女性たちは、自分の行動範囲よりかなり広い範囲で、異性フェロモンをチェックしている。そうして、無意識のうちに惹《ひ》かれるフェロモンの方向へ動き、惹かれるフェロモンの持ち主とニアミスし、その彼をはたと見つめたりしているのである。強く直感の働く女性なら、出会い頭にぶつかるくらいの勢いで、好みのフェロモンに突進していることもある。

つまりね、「街角で出会い頭にぶつかって、目と目があったら恋におちたの」なんていう運命の出逢いさえも、実は、偶然の産物なのではない。女がフェロモンを感知して突進し、「勝ち取った当然の成果」なのである。

驚いていただけましたか？

脳は、脳の持ち主が知らないうちに、かなり驚異的な仕事をやってのけているのである。これが、脳の「感じる力」である。誰に教えてもらわなくても、特に鍛えなくても、私たちが生まれつき持っているいのちの力だ。

感じる力

最近では、フェロモンに限らず、脳が、その持ち主も気づかないうちに、ある特有の周波数の音を感知したり、ある特有の図形を感知したりしていることもわかってきている。

それらの働きが、日常のどのような行動に結びついているかはまだ明らかになっていないが、危険予知や、新発見、新発想など天才的といわれるインスピレーションの基盤になっているだろうことは容易に想像がつく。そこには、私たちの想像を超える、驚異的な性能が隠されているに違いない。

だって、フェロモン感知だけをとってみても、あまりにも驚異的でしょう？　脳の持ち主が一生懸命考えたって、「ビル全体の何百人という男性の遺伝子の匂いを嗅ぎ分けて、自分に適合していない、妊娠に適する相手を探し出す」なんて、ものすごい離れ業、できるわけがない。この「感じる力」に比べたら、脳が「考える力」でできることなんて、合コンでいかに男の気を惹くか、くらいだもの。せいぜい数人からしかチェックアップできないのである。

「感じる力」が効力を発揮するのは、恋愛だけじゃない。科学や芸術、ビジネスの発想力もそうである。インスピレーションが湧いて、新しい発見が生まれる。市場の気持ちを先読みして、ヒット商品を生み出す。すべて、脳の「感じる力」に起因しているのである。

もちろん、もっと原初的なこと、たとえば「ジャングルで道に迷ったとき、どっちへ行くべきか」とか「狩りに出て、獲物がいそうな方角はどっちか」とか「この水を飲んでも大丈夫なのか」とかのような生命に関わる判断にも、大きな威力を発揮しているのだと思う。「感じる力」は、生きる力の源と言ってもいい。

多くの日本人は、戦場や狩りに出ないようになって久しい。「感じる力」の存在、すなわち精神論は、ここ何十年も、すっかり忘れられてきた。

しかし、忘れられていても、この「感じる力」は、生まれつき備わったものである。私たちの脳の中に、脈々と伝えられているものだ。

「感じる力」に関しては、不自然な育て方をされて、その発揮を邪魔されない限り、皆が持っている。とはいえ、第1章の「金のルール」で述べたとおり、24時間眠らない町は「不自然」なので、現代の親たちには注意が必要だ。

考える力

戦争のない文明社会で「頭がいい」といわれるのは、「考える力」に長《た》けている脳である。「考える力」は、主に、大脳優位半球（一般に左脳）が担当している。大脳優位半球は、言語活動や論理、計算を担当している。したがって、試験でいい点数を取ったり、言い訳をしたり、根回しをしたり、折衝《せっしょう》をしたりしているのは、この大脳優位半球なのである。外国語をペラペラしゃべるのも、工場のラインを設計したり、流通機構のグローバル化を図るのも大脳優位半球だ。ここが優秀だと、いかにも「頭がいい」っていう感じだよね。確かに。

というわけで、ここではまず、脳には「感じる力」と「考える力」がある、ということを理解してください。

脳の「感じる力」は驚異の性能でもって、外界の情報を感知している。無意識の生命活動に関与していて、勘の良さや〝つかみ〟の良さ、ひいては運の良さなどを作り出す、脳の底力である。

脳の「考える力」は、言語、論理、計算を担当している。文明社会で要領よく生きるための必要条件であり、「頭がいい」といわれるためには不可欠な能力である。

知識工場

ここでおさらい。無意識のうちに働く大事な機能を、「感じる力」のほかにもうひとつ、話しておかなきゃならない。

眠っているうちに働く、海馬《かいば》と呼ばれる脳の部位のことである。

第1章で説明した海馬のことね。海馬は、今日あった出来事を脳の中で再生し、そこから明日への知識を導き出す、脳の知識工場だ。海馬は、脳の持ち主が眠っている間にしか働かない。つまり、脳は、眠っている間に賢くなっているのである。

私たちは、起きている間の体験や、学んだこと、本で読んだことなどを、その場で知識にしているのではないのである。起きているうちは、単なる記憶にしかすぎない。脳の持ち主が寝ている間に、知識工場・海馬が記憶を繰り返し再生し、そこからさまざまな法則を見つけ出して記号化し、後に応用できる知識に換えている。

先ほどの恋愛におけるフェロモンの働きで、この海馬の働きを説明しよう。

たとえば今日、ひとりの女性の脳が、素敵な匂いのフェロモンを感知していたとしよう。そのフェロモンの持ち主に、たとえ「今日」会えなくても、出逢いは無駄にはならないのである。

彼女が眠っている間に海馬がその状況を繰り返し確認し、知識として整理する。すなわち、上質な睡眠をとった女性は、次の日以降、またその好みのフェロモンに出逢える状況へ、無意識に自分を追い込んでいけるのである。

つまり、今日感知したフェロモンの男に今日逢えなくても、逢えた状況を分析した彼女の脳が、次に逢える状況を予測して、彼に逢えるよう追い込んでくれる。あるいは、その彼自身には逢えなくても、似た状況を作り出して、別のいい男に逢えるかもしれないのである。

フェロモン感知能力もすごいけど、海馬という知識工場と一緒になれば、感知結果を知識に換えて、さらに精緻にターゲットを追い込んでいく。まるで、最新鋭のレーダーを搭載した弾道ミサイルみたいなもんである。狙った獲物は逃さない。それどころか、狙った獲物以上の大物も狙う。
脳の潜在力は、やはり、はるかに想像を超える。

通常、直感というのは、ある意味偶然とか、思い込みの力のように思われているようだけど、「直感」はれっきとした脳の機能で、こういう脳の潜在域の働きをベースにして発揮されるものである。
「理由は説明できないけれど、こっちのほうがいいような気がする」というインスピレーションや、「なんだか胸騒ぎがするから、今日は早く帰る」というような虫の知らせは、潜在脳の綿密な知識開発に裏づけられている。

直感力

さて、その直感力。

「感じる力」が感知し、知識工場が洗練した無意識の情報を、「考える」領域へとつなぐ能力である。

特有の匂いや、特有の周波数などを感知する脳の「感じる力」については、今のところ、劇的な個人差は認められていない。普通の脳なら、「感じる力」は十分に持っていると考えていいと思う。

しかし、その感知情報を、うすうすでも自覚して、行動につなぐことができるかどうか……ここには、個人差がある。だからこそ、全員が「感じる力」においては天才なのに、実際には、勘の働く天才と、努力しても思ったようにいかない人がいる。

直感力というのは、感じたことを、うすうす自覚する力である。

実は、直感が働いているとき、私たちの脳では、いろんな部位が交代で活性化している。小脳をベースにして左脳が活性化、一瞬右脳、また左脳が、といったように。ことばでものごとをとらえ、考えたり、戦略を立てたり、論理的に計算をしたりしているのは、脳の「考える」領域、すなわち大脳優位半球（左脳）である。つまり、何かを「あ〜でもない、こ〜でもない」と悩んでいるときは、この左脳に意識が集中している。いわゆる顕在意識の状態である。

この顕在意識が強く働きすぎると、直感が働かない。左脳に処理が集中して、脳の感じる部位に処理を預けてくれないからだ。小脳、左脳、右脳の連係プレーがなければ、「感じる力」を「考える力」につなげられない。

つまり、ことばの意味や論理に強くとらわれてしまえば、直感は働かなくなる。

これは、ビジネスシーンでも戦場でも一緒。戦略にとらわれて、先が見えなくなったら、いったん、意味や論理などの「戦略のことば」から脳を解放しなければならない。

だから、武士は座禅や瞑想《めいそう》をしたし、厳しい作法に無心に身をゆだねて心を鎮める茶道や剣道など、「道」と呼ばれるものを愛したのである。直感が鈍ると、生命が危ないからね。

受験戦略だってビジネス戦略だって同じことだ。戦略を考えながらも、いかに思考を要領よく休めて直感を働かせるかが勝利の秘訣、コトの本質である。

この直感力の基礎は、小脳がぐんぐん発達する4～7歳に出来上がる。直感力と「感じる力」「考える力」の連係機能は、9～11歳のゴールデンエイジに作られる。

4～7歳にいろいろ遊んで、9～11歳にすやすや寝ていれば、直感力なんて自然に身につく。後は、おとなになって、ことばの意味や論理にとらわれすぎないように気をつければいいだけである。

幸福な天才

起きている間に、「感じる力」「考える力」、そして直感力がしっかり働いている脳。寝ている間に知識工場・海馬《かいば》が活性化する脳。

これが、いい脳の定義である。

いい脳の持ち主は、「幸福な天才」である。前にも書いたが、「頭もいいけど、それ以上に運がいい人」といわれる人たちは、このタイプだ。

いつもしみじみとしあわせそうで、常に意欲を失わず、健康で、穏やかで、あったかい。おっとりして見えるのに、決断が早い。集中力があり、短いことばに説得力がある。頼りがいがあって、飾らない人柄なのに、なめてかかれない威厳を持っている。いつも、何かに感謝している。そして、もてる！

医者になるとか、年商何百億円のＩＴ社長になるとか、英語がペラペラの何かになるとか、人生の目的はそういうことじゃないはずである。

子どもたちが将来、何になろうとも、本人が常に満ち足りて幸福で、感謝と共に暮らし、人に敬愛され、社会に必要とされる人材であってほしい。それが、親の願いだと思う。

では、どうしたら、そう育つのか。

それにはまず、成長期全般にわたって、知識工場をフル回転させなければならない。その方法については、既に第1章で述べた。「金のルール」である。すなわち、「早寝、早起き、朝ごはん、読書」。

次に、子どもたちの3つの脳の力（「感じる力」「考える力」「直感力」）が、いつ、どのように育つのかを知り、上手に伸ばしてやることだ。

「感じる力」はヒトが生まれつき持っているもので、3歳までによほど脳をいじられない限り、超高性能な「感じる力」をヒトは生涯持ち続けることになる。

直感力が養われるのは、主に4歳から7歳まで。8歳で言語脳が完成してからは、

「考える力」が伸び始める。9〜11歳の3年間には、「感じる力」と「考える力」と直感力の連携を習得する。

12歳になると、おとな脳の基礎が完成する。ここからは、「考える力」を伸ばす正念場だ。

このような脳の成長には臨界期があり、ある年齢までに達成すべき能力は、その年齢を超えると獲得できない。たとえば、二本足で安定して歩く、普通にしゃべるという能力は、その基礎を8歳までに獲得しないと一生獲得できない。極端な話だけど、二足歩行も会話も知らずに8歳まで育つと、人間社会には生涯適応できない。音楽家に必須といわれている絶対音感（聴いた音の音階＝周波数を言い当てる感覚）も8歳までに得ないと、生涯獲得できない。

このため、些細《ささい》なことではあるけれど、それぞれの時期に少しずつ親が気をつけてあげたいことがある。

1．生まれつき備わっている「感じる力」を壊さない（3歳まで）

2. 直感力を育てる（4～7歳）
3. 言語脳完成期。親との対話、読書が最も必要なとき（7～8歳）
4. 「感じる力」と直感力の連携期間。ひたすら「金のルール」遵守期（9～11歳）
5. 「考える力」を育てる（12～15歳）

これらの詳しい方法については、第3章、第4章の「銀のルール」で述べる。

3歳までの脳には、「何をするか」じゃなく、「何をしないか」が重要だ。この時期、「感じる力」と連動する母語（人生の最初に獲得する言語）を獲得することしか、彼らがすべきことはない。英才教育は、よほど気をつけないと危険だ。

4～7歳の脳には、スポーツやお稽古事とのよい出会いをさせてあげたい。プロの「上質の所作《しょさ》（動作、しぐさ、振る舞い）」から、直感力の働かせ方を学ぶときだから。しかし、ここでもかまいすぎは問題。さらりと出会いの機会だけ与え、本人がのめりこまなかったら、深追いはしない。脳の才能が音楽向きではないのに、親の思い込みで音楽を強要されては本来の力が伸ばせないからね。

こうして、基本的には、脳育てとは、「子どもの脳の力を、つぶさない」が基本である。脳には、本来、伸びる力がある。脳の4機能のうちの3つ、「感じる力」と直感力と知識工場は、無意識のうちに働く潜在的な能力で、ヒトの脳に生まれつき驚異的な性能でもって搭載されているものである。親にかまわれ、テレビや塾で上質の睡眠を失い、社会の規範に押さえつけられて、劣化していくものなのだ。

したがって、育児の基本としてはまず、これら潜在力を失わない育児を心がけなければならない。

直感力が低下する社会

しかし、20〜30年ほど前から、この国の子育てが、まずいほうに変わってきている。3歳までにかまいすぎ、9〜11歳のゴールデンエイジに眠らせない。さらに長じれば、24時間フル稼働の都市型生活をしてしまう。このおかげで、直感力の鈍っている若い人たちが増えているのである。

たとえば、女たちは、フェロモン感知を自覚できないので、いい男が、どこにいるかわからない。なんとか間に合わせで恋人を見つけても、フェロモンで選《え》り抜いた遺伝子不適合の相手でないので、その男と結婚する決心がつかない。ましてや、子どもを産む覚悟など持てるはずがない。つられて発情する男性脳のほうも、これじゃ、まったく盛り上がらない。

その影響か、若い男たちは〝つかみ〟が悪く、「自分のしたいものが見つからない」のだそうで、就職に本腰を入れられない。少子化とニートの、本当の理由はここにある。

勉強も恋愛もビジネスも、脳の潜在域が働いていないとジリ貧で、しょぼい。

貧相な発想力で努力しても、満ち足りた場所には出られない。努力しているのに割を食うので、なんとなく被害者意識を持つことになる。とはいえ、誰も危害をくわえていないので、問題を解決する糸口は見つからない。不満は募る。満足感のない人は感謝しない。言い訳と愚痴だけで会話するので、周囲に疎《うと》んじられる。大切にしてもらえないし、愛されない。「こんな人生、私の本当の人生じゃない」と頭を抱えることなる。……そんな人生なら、私だってニートになっちゃうかもしれない。

でもね、悪いのは、本当は本人じゃない。脳の潜在力を奪った親の責任だ。

実のところ、従来の日本の子育ては、庶民のそれも、セレブのそれも、直感力を奪うようにはできていなかった。溺愛《できあい》されて、常軌を逸した育て方をされない限りね。

現代生活では、親がうっかりすると、子どもの直感力を奪ってしまう。たとえば、日常的に、夜10時までに寝ないで、朝ごはんを食べない小学生は、ちょっと危ないのである。日頃は塾に通わせて、たまの息抜きには親子でカラオケ……なんて、うっかりするとやってしまうような気がしない？　まぁ、お受験のための覚悟の1年くらいならそんなに傷は深くはないが、親の生活時間になんとなく子どもをつき合わせているような無自覚な家族は、けっこう危ない。

「このままでは、この国にも、何をやってもジリ貧の、自分の意思では問題解決できない下層階級ができてしまうのではないか？」という声は、脳科学の専門家たちの間でも囁《ささや》かれだしている。その前触れのように、少子化とニートという現象がある。

そう、この国では、既に、20代から30代の男女の直感力が鈍り始めている。

「自分のやりたいことがわからない」

「いい男が見つからない」

1980年代に若者だった私からしたら、びっくりの発言である。私たちHanako世代は、したいこと満載。家庭も子どもも恋もキャリアも富も名声も……松田聖子さんに象徴される、なんでもほしい世代だもの。

この本の読者の皆さんの多くは、その直感力低下時代に、ちゃんとフェロモンをキャッチしてパートナーをゲットして、子どもを持つに至った究極の勝ち組たちだ。私たちの世代の親たちより、ずっと優秀な気がする。

その証拠のように、Hanako世代のお母さんたちより、今のお母さんたちのほうが子育て意識が高く、最近になって、子どもたちの睡眠時間も、朝ごはんを食べる率も上がり始めたそうだ。皆さんに日本の将来を託します、本当に、よろしくお願いします。

第3章　銀のルール　その1

子育ての達人になれるコツ

「銀のルール」は、生まれつき備わっている「感じる力」を壊さず、直感力を鍛えるためのルールである。脳の成長段階に合わせて、いくつかのポイントがある。

第1章で述べた「金のルール」は、脳の成長期全般にわたって知識工場を活性化させるための黄金則だった。したがって、金のルールと銀のルールとで、脳の潜在的な能力、すなわち「感じる力」、直感力、知識工場の3機能をしっかりと確保してやれる。

この3機能に加え、脳には、意識的に働かせる「考える力」がある。「考える力」を鍛えるためのルールを、私は、「銅のルール」と呼んでいる。しかし、この本では銅のルールは語らない。「考える力」は、学校の勉強や社会と関わることで、自然と育っていくものだからだ。別に、親があせって、どうしてやるものでもないのである。

「考える力」は、計算力や学習理解力として発揮され、学校の成績や偏差値に直接反映するので、どうしてもおとなは気にするが、まぁ、そこそこに高校受験を切り抜けられたら、それでいいとしようよ。「考える力」は、おとな脳が一応の完成を見せる15歳以降に鍛えられるものだし、潜在力さえ鍛えておけば、大学受験くらい本人の戦略力で十分切り抜けられる。もしもとことん戦略に困ったら、塾に頼るという手もある。銅のルールは、子どもの個性と志望大学に合わせて、山ほど世の中に出回っている。

それに、本当に「考える力」が格段に伸びるのは、社会ととことん関わるおとなになってから。そこはもう、親が立ち入る場所じゃない。

というわけで、この章を読み終わったら、もう「子育ての達人」である。子育てって、意外にシンプルでしょう?

赤ちゃん脳期（0〜3歳）

3歳までは、子どものペースと、母親の気持ちの安定を最優先し、あせらず、いじらず、自然体に過ごすこと。
「抱き癖」については、抱くのはOK、あやしすぎはNG。

3歳までは、脳が外界を感じ、自分を認知するときである。そして、母語の基礎が出来上がる。母語とは、人生の最初に獲得する言語のことで、脳の中で、意識や所作と密接に結びつき、生涯、思考のベースになる言語である。

発話前の赤ちゃんは、ひたすら、外界を感じることに脳を使っている。母親の肌の柔らかさや温かさを感じ、おっぱいを口に含んだ幸福感を反芻《はんすう》する。父親の大きな胸郭に響く低音の声や、家の匂いに安心し、兄姉の動く気配、祖父母のとろけそうな溺《でき》愛《あい》を感じている。季節ごとに変わる風、日差し、土の匂い、雨の匂い、揺れる花、色づく葉……。赤ちゃんを囲むすべてのことが、赤ちゃんの脳にとっては、新鮮な知識である。彼らの脳は、フル回転して、外界情報を知識に換えている。ほえ～っとしているようで、めちゃくちゃ忙しいのである。

なので、赤ちゃんが壁に揺れる光をご機嫌で見つめていたら、そのままそっと、見つめさせてあげてほしい。散歩中に、風に揺れる街路樹に見とれたら、立ち止まってあげてほしい。彼らをかまいすぎず、忙しいおとなの生活ペースに巻き込みすぎず、彼らが感じているものを母親もゆったり感じて生活するのが、この時期の最高の「教育」である。

とはいっても、たいていの母は忙しく、そうも言っていられない。私は働く母だったからいつもバタバタだったし、上に幼い兄姉がいれば、母親の時間は戦争のように流れていく。だからまぁ、「できるとき」でけっこう。彼らの時間をできるだけ、大切にしてあげよう。

やがて、自分の声に周囲が反応することに気づき、コミュニケーションが始まる。「あー」と声をあげると、「あー、よねぇ」と母親が応えてくれる。「うー、うー」というと、「うー、うー、どうしたの?」。

このとき、母親は無意識のうちに、赤ちゃんと同じトーンの声をあげているのである。母子で、同じトーンの声を掛け合う。これが、母語獲得のスタート、ことばの始まりである。

余談だけど、ザトウクジラの母子も、この掛け合いを行う。英語圏で「唄うクジラ」と呼ばれているザトウクジラの鳴き声には、音程とリズムがある。「ズゴゴー、ズグ、ズゴゴーゴ」というように音程をつけて鳴くのだが、子クジラは最初、「ズゴ」とか「ズグ」くらいの短いフレーズでしか鳴けない。母クジラは、この短いフレーズを受けて、やや長いフレーズを唄ってやるのだ。

「ズゴ」(子クジラ)、「ズゴゴーゴゴー」(母クジラ)。

「ゴー」(子クジラ)、「ゴーズゴゴー」(母クジラ)。

子クジラのフレーズを、母クジラが反復して、少し長いフレーズを作り出す。ヒトの母親がする行為と同じだ。やがて、少しずつ呼び合うフレーズが長くなり、ザトウクジラの子どもは「唄」を覚える。こうして、母から子へ伝承される唄には方言があり、ハワイを繁殖海域にするグループと、小笠原を繁殖海域にするグループではフレーズに違いがあるそうである。

子どもを持つ前、ダイビングで訪れた小笠原で、私は母子クジラに出会った。大自然に囲まれ、吸い込まれそうな青い海に身を任せて鳴き合う母子クジラは、本当にしあわせそうに見えた。後に、息子と「鳴き合った」とき、その光景が浮かんできて、しあわせでたまらなかった。母になる、というのは、本当に素敵だ。

母なら誰でも、赤ちゃんの「あー」や「うー」に応えるとき、至福を感じると思う。この母たちの至福感が、赤ちゃんの脳のコミュニケーション欲をかきたてる。もっと母と触れ合いたい、もっと母に幸福になってもらいたい、と。こうして、ことばは溢れ出す。意味よりも先に気持ちが溢れ出すのである。

このように、赤ちゃんのペースで光を見つめ、風を感じ、やがて「あー」「あー、よねぇ」「うー」「うー、どうしたの?」と至福のコミュニケーションを始める、この時期。どうしても母親と子どもの密な関係性が大切になる。

だから、3歳神話が生まれたのである。3歳までは母親の手で育てようという、あのご神託のようなキャンペーンだ。まぁ、確かに、そうなのだろう。

けど、私の経験から言えば、働くのが性に合っている母は働いたほうがいい、と私は思う。

私は、バブル期の企業戦士でエンジニアだったので、緻密に計画を立てて、さっさと実行していくのが快感、という癖があった。24時間、赤ん坊のペースで「風よ、光よ」とやっていたら、ある日、涙が止まらなくなってしまった。子どもは、可愛くて、可愛くてたまらない。けど、24時間それを楽しめるかというと、そうではなかった。じりじりした焦燥感のようなものが小さくだけど、胸の中にできていた。時代の風潮もあったのかもしれない。

そんなとき、同居していた主人の母が「見てあげる」とあっさり引き受けてくれた。

主人の両親は、自宅に工房を持つ職人夫婦だった。従来、職人の家では、若いお嫁さんはいい働き手なので、子育ての主役はおばあちゃんだった。義母は「息子の子育てを存分にできなかったから、孫はずっと私の傍《そば》において、おぶって買い物に出てあげるのが夢だった」と言ってくれた。義母のミシンの音は、カタカタカタと気持ちいい。この音を聞きながら、息子は、工房の片隅ですやすやと寝てくれた。おかげで私は、息子が生後2ヵ月半のとき職場に戻ったのだった。

朝会社に行って、お昼に授乳に戻り、夕方帰るという生活を、息子の1歳の誕生日まで続けた。東京の蔵前と、川崎市中原区との2往復である。片道50分の2往復だった。もちろん、電車の中でも仕事をした。

けど、息子に逢う、ということが、こんなにも楽しいなんて。うれしくて、うれしくて、電車の最後のひと駅なんて、空席があっても座っていられない。逢えたら、ふたりの間に電気が走るみたいだった。前世からの運命の恋人に逢えたかのようなうれしさで、彼を見つめ、彼とともに笑い、彼と「鳴き合い」、彼と一緒に寝た。起きて一緒にいる時間は半分になったが、密度は3倍になったように思う。

私は、この選択に迷いはなかったし、後悔もしていない。14歳になった息子は、きっとリップサービス半分だろうけれど、「ちっちゃい頃、働くママは輝いていて自慢だったよ。夕方、逢ったとき、ホントうれしかったね」と肩を抱いてくれる。

一方で、そうやって寝食を削っていた産後の私に、「3歳まで母親が育てないと、おたくの子、犯罪者になるよ」と平気で言う人たちもけっこういた。あの人たち、どんな根拠で、あんなことを言ってギリギリの気力・体力の母親を傷つけたのだろう？　あるいは、どんな意図で？　おとなが意地悪な顔でそんなこと言うから、キャリアウーマンたちが子どもを望まなくなっちゃったのだ。

働くお母さんたちは、今も、そんな意地悪なプレッシャーにさらされているのかしら？　だとしても、毅然《きぜん》と頑張ってください。そして、子どもと一緒にいる時間を、しっかりと密に過ごしてね。3歳までの育児の基本は、母親が満ち足りた幸福感とともにあることだと私は思う。

一方で、きっぱり母親業に専念できるなら、それも女性として素敵なことだと思う。

先日、テレビで、千住文子さんという女性のインタビュー番組を拝見した。世界的に有名なヴァイオリニスト（千住真理子氏）、日本画家（千住博氏）、作曲家（千住明氏）の3兄弟を育て上げた、「天才母親家」である。たいへん聡明な方で、ご結婚前は研究者だったそうだ。おそらく、そのまま研究をまっとうしたら、大博士になられただろうと思いつつ、インタビューを聞いていた。

この方は、母親業を心底楽しんだ方だ。子どもたちと一緒に遊び、笑い、ユーモアに富んだ日常を楽しまれた。そうして、子どもたちの自発的なペースを大切にし、彼らの魂の声を聴いていたのだと思う。子どもたちは、それぞれに世界的な芸術家として溢れるような才能を見せてくれている、日本の宝の方々である。その宝3兄弟が、母を宝物のように大切にしている。

しあわせそうな親子の風景を拝見していて、確かにこういう生き方もあったなぁと思った。母親として、王道の生き方だもの。

千住さんを拝見していて、世界中のどの母もしあわせであってほしいと、祈るように思った。母たちが、日々を心から楽しむこと。まずは、それが大事だと思う。働かずにすみ、育児を心から楽しめる人は、本当に幸せだ。迷わずに、その時間をまっとうしてほしい。けど、いろんな事情で働く時間も必要な人は、上手にサポート態勢を作って、仕事も育児も聡明に楽しめばいいと思う。何でなきゃダメ、というのは存在しない。あるとしたら、「母はしあわせでなきゃ、ダメ」だけである。

さて、話を戻そう。

母親に向かって溢れ出す、赤ちゃんの気持ち。そして、「あー」「うー」で語り合う、始まりのことば。

このとき、気持ちと一緒に溢れる発生音は、母音である。母音は、日本語で言えばアイウエオの五音にあたる。KやSのように息を破裂させたり擦ったりせず、自然発生的に出る音声のことだ。

実は、各国の子どもたちが、3歳までに、その国の言語の母音を習得して、固定させる。

日本人の赤ちゃんも、2歳までは、フランス語のようなアとエの中間の母音も美しく発音できるのに、3歳になると、日本語のアイウエオに固まってしまう。このため、

Rinse
Shampo
mi

あせって外国語教育を始める親がいるが、それは見当違いである。

母音は、気持ち（意識の方向性）を表す、コミュニケーションの基本だ。日本語なら、5つの意識の方向性がある。開放的で、始まりのイメージを持つア、相手に向かってまっすぐに入り込むイ、受け身のウ、退く（距離を置く）エ、包み込むようなオ。

たとえば私たちは、「私は」とか「私の息子が」「私の好きなのは」のように、話のテーマを示す主部には、ア段の助詞を付ける。「これから、この話をするから、聞いてね」という、序の気持ちを添えているのだ。話の受け手も、その気持ちを受けて、無意識のうちにうなずいたり、目線を合わせたりしてあげる。

「学校に行く」「あなたに首ったけ」のように、目的に向かってまっすぐに入り込む助詞はイ段だ。ＰＴＡのお母さんたちは、なぜか「学校へ行く」と言う人が多い。ちょっと後ろ向きの気持ちが入っているのかも？

包み込むようなオ段の助詞は、「あなたを愛する」「これをあげる」のように、対象物を両手で包み込むような意識のときに使われる。「あなたを愛する」といわれたとき、意味だけじゃなく、ヲの包み込むような優しさも、私たち日本人は交換するのである。大切なものの先頭につける「お母さん」のオも、その気持ちとともにある。

こうして、母音は意識の方向性としっかり結びついている。脳における母音の確定は、これで会話をしていきますよ、という言語の最初の決まりである。確定前に、外国語のあやふやな母音を混在させると、コミュニケーションの軸が定まらない。将来、「彼には、いまいち、気持ちが伝わった感じがしない」といわれ、コミュニケーション障害を抱えることにもなりかねないのである。

したがって、わが子の母語を日本語と決めたら、潔く、美しい日本語を聞かせるべきである。スケベ根性で外国語を聞かせたり、しゃべらせたりしないこと。ましてや、日本語を禁止する時間を作るような過度な外国語の押しつけは危険ですらある。

なお、両親の母語が異なる場合、子どもの母語は、ふたつ混ぜこぜの母語ミックスというスタイルになる。そして、日常より多く使われる側の母語が優勢なかたちで確定する。この優勢の母語は、母親の母語を選択することが望ましい。

母語ミックスで育つと、将来、どちらの言語のコミュニケーションにおいても、微《かす》かな違和感や理解の齟齬《そご》が生じる可能性がある。けれど、いずれも親の母語なのだから大丈夫。どの母音も、心の実感と結びついているからだ。したがって、コミュニケーションのわずかな違和感も個性のうち。独特のミステリアスな魅力として受け取られるので気にしないでいい。

帰国子女が、ときどき深刻なコミュニケーション障害を抱えるのは、単に外国文化で育って、日本文化に馴染《なじ》めないからではないのである。海外に連れ出す年齢によって、親の母語でない外国語、すなわち心の実感と結びつかない言語で、思考の基礎を作っていたりするからなのだ。

海外で子どもを育てる場合、子どもの母語を何語にするかは、しっかり自覚しておいたほうがいい。もしも現地の言語を採択せざるを得ないのなら、いっそ、現地のベビーシッターを雇うのも手。心の実感とことばが結びついている人が、日常に必要だからだ。

さらに、学校で使うことばが親の母語でないと、学校での出来事などを、心の動きも含めて親に伝えたいのに、親が理解してくれないというジレンマが生じることがある。できれば、子どもが信頼して相談できる、現地のおとなを確保したい。

子どもの母語を日本語と決めたら、家庭内の日本語の会話を大切に。また、日本人の家族同士のつき合いや、読書や日本語のドラマなど、親以外が使う日本語に触れる機会を増やし、心して語彙《ごい》を増やしてやる必要がある。

ちなみに、外国語教育の開始適齢期だが、私は、日本語を母語とする脳については、おとな脳完成期の12歳を過ぎてからがベストだと考える。少なくとも、言語脳完成期の8歳までは、できるだけ豊富な母語を聞かせるべきで、脳の完成度を上げるためには外国語が入り込む余地はない。

というのも、日本語は、他の国の言語（欧米各国語、アジア各国語）と音声認識の仕組みがまったく違うから。日本語は母音で音声認識をするのに、他国語は子音で音声認識をする。このふたつは、脳の使い方が違い、ことばと意識の関係性とコミュニケーションの仕組みが、まったく違うのである。脳の中にふたつ以上の言語のモデル（仕組み）を持てるのは、おとな脳になってから。子ども脳のうちは、母語の仕組みが壊されてしまう。

日本語と同じ仕組みを持つ言語は、現在確認されているのはポリネシア語族（ハワイ語もこの語族の仲間）だけ。したがって、ハワイ語やポリネシア語なら8歳より前に覚えても大丈夫なのだ。同じ理由で、英語を母語とする人が、ドイツ語やフランス語を幼少時から混在させても問題ない。

科学、設計、デザインのようなクリエイティブな才能を発揮させようと思ったら、11歳まで、脳をひとつの言語モデルに閉じておく必要がある。世界の経済主要国の言語がすべて「反対側」のモデルである以上、日本人の早期の外国語教育には注意が必要だ。私自身は、公立小学校での英語教育は反対である。

ましてや、3歳の母音固定までに、外国に住んでもいないのに外国語教育だなんて……胸が痛い。

3歳までは、子どものペースと、母親の気持ちの安定を最優先し、あせらず、いじらず、自然体に過ごすのが銀のルール。睡眠の取り方も、できるだけ、子どものペースで。

したがって、決められた時間に何かするというお稽古事は極力避けたいが、核家族の専業主婦で、親子連れの友達も少なく、社会から隔離されたように感じるのなら、母親の気持ちの安定のために、お稽古事やサークルに参加するのも悪くない。

どうか、親子して、しあわせに過ごしてください。青い海にたゆたっていた、ザトウクジラの母子のように。


そうそう。男の子のお母さんに、赤ちゃん期のアドバイスをひとつ。

男性は、生まれつき、「近くより、遠くに興味が行く」脳の持ち主。男の子は、手元にあるおもちゃより、少し離れた場所にあるおもちゃに興味を示し、そのおもちゃへの距離計算をして、空間構成力を養っているのである。また、実際にハイハイして、そのおもちゃにたどり着き、脳の距離計算の正しさを確かめてもいる。

男の子が、部屋中をおもちゃで散らかし放題にし、あっちの車で遊んでいたかと思ったら、こっちの電車を触り……とやるのは、彼らの脳が、こうして距離計算を楽しみ、空間構成の学習をしているからなのである。

女には、この気持ち、ちょっとわかりかねるので、つい「新しいおもちゃを出すのなら、今遊んでいるおもちゃをしまいましょう」とやりたがる。危ないから、と、おもちゃを取ってやったり、ひどいときは、ベビーサークルに閉じ込めたりする。

でもね、これをやると、男の子の脳をつぶしてしまう。

数学やメカに強い、男の子らしい脳に育てたいと思ったら、少なくとも3メートルくらいの範囲に、おもちゃがばらばらに転がっている状態が望ましいのだ。つまり、男の子の子育ては、部屋が散らかる。ハイハイで、どこにでも突進するので危なくてしようがない。

女らしいお母さんには、ちょっと辛いけど、息子の脳を優秀にするために、キレイ好きはほどほどに。また、男の子の行動を先へ先へ察して、おもちゃを取ってやったりしないこと。意識していないと、女はけっこうかまってしまうので、ご注意ください。

最後に、「抱き癖」について。

これは、いまだに、世代の違う女たちの間で意見の分かれることらしい。赤ちゃんが泣き始めて、お母さんは抱いてあげたいのに、おばあちゃんが「抱き癖はダメ」と止めるケースが多いようである。

脳科学の立場から言えば、赤ちゃんが泣き出して、誰か抱けるおとなが近くにいるなら、どうぞ抱いてあげてください。ただし、あやしすぎないこと。抱き癖で問題なのは、抱く行為ではなく、泣きやませようとして、大げさにあやす行為なのである。

泣く、という行為は、脳にとっては、なんとも気持ちよいストレス解消の行為である。涙には、ロイシン-エンケファリンという、ストレスによって生じる神経反応を緩和する脳内モルヒネの一種も含まれているのが観察されている。つまり、涙を流すと、ストレスを緩和する脳内物質が分泌されるのだ。ほら、涙を流すと、なんだか、満たされたような優しい気分になるのを感じませんか？　たとえ状況が改善されなくても、泣くという行為によって、とりあえず精神的なパニックからは立ち直れる。あれは、脳内モルヒネの効果なのである。

赤ちゃんは、身体の不快を泣いて知らせるが、ときには、ストレス解消のために泣く。オムツも濡れていない、暑くも寒くもない、お腹も空いていないはずなのになぜか泣きやまないとき、彼らは、泣きたくて泣いているのだ。

その気持ちは、「そろそろ、浸りたいな」と思って、韓流ドラマのＤＶＤを借りにいく私たちと変わらない。で、もしもあなたが、韓流ドラマに思いっきりロマンチックに浸って涙をこぼしているときに、夫が心配して「どーした、こーした」と話しかけて、慰めてくれたら、どう思う？　イライラして、怒鳴ってやりたくなるでしょう？

もうおわかりと思う。泣きたくて泣いている赤ちゃんを、泣きやまそうと思って大げさにあやすのは、大きなお世話！　なのだ。うるさいので、赤ちゃんはしかたなく泣きやむものの、ストレス解消が中途半端に終わってしまう。これが何度も続けば、集中力のない子やキレやすい子、気を使う子にしてしまうことも。おばあちゃんたちの「抱き癖はダメよ」の根拠はここにある。

したがって、抱き上げること自体はＯＫである。ただ、ちょっと声をかけて、それでもまだ泣くようなら、抱いたまま、思いっきり泣かせてあげて。
韓流ドラマに浸って泣いているときに、あれこれ言う夫は邪魔だけど、そっと頭を撫でてくれるのならうれしいでしょ？　赤ちゃんだって、一緒だ。抱いてもらえば安心して泣ける。妙にあやされたら、ストレスが溜まる。おんなじことである。

我が家は、隣と壁一枚の下町の家なので、息子の夜泣きは、ご近所を気にする義父母のストレスになってしまった。そこで、息子が夜中にぐずり始めたら、抱っこして近所の神社まで行き、思い切り泣かせてやっていた。昼間の2往復通勤の上に、深夜3時の散歩である。若いからできたのだと、つくづく思う。でも、夜泣きなんて、身体が思うように動かせない、ほんの1～2ヵ月の間のこと。夜中に神社で息子と抱き合っていた時間は、今となっては、本当にいい思い出である。

赤ちゃん脳臨界期（2〜3歳）

反抗期は、子どもにとっては「外界の反応を試す実験」。おおらかに受け止めて。

生まれてきて、外界を知り、自分という存在を意識した赤ちゃんの脳。彼らは、やがて、外界と自分との関係を強く意識し始める。

赤ちゃんの脳が積極的に外界への働きかけを始めるこの時期は、親から見れば「今までのように、言いなりにならなくなる」ので、昔から反抗期と呼ばれている。けど、私は、この反抗期ということばは嫌いだ。

外界を受け入れる一方だった赤ちゃん脳が臨界を迎え、外界との関係性を探る子ども脳に変わるこの時期……確かに親にとっては手を焼く時期だけど、彼らの脳にとっては、人生最初の臨界期（成長の階段を大きく上がるとき）である。最初の反抗日なんて、お祝いしてあげたいくらいの、素敵な出来事だ。

1歳児も、スプーンを何度も投げる、わざとミルクをこぼすなど、なかなかのご無体をしてくれるが、これはコミュニケーションのうち。親が大げさに驚いてやると、なんともうれしそうでしょう？　無関心のふりをすると、本人も簡単に興味を失うことも。ま、対話のひとつだと（かなりブラックユーモアの効いた対話だけど）思っていれば、なんとかやり過ごせる。

しかし、2歳児になると、もうちょっと根が深い。自分のしでかしたことの成り行きを観察しているので、しつこく繰り返すし、2歳児ならではのへんちくりんな屁理屈も言う。子どもによっては、感情も爆発させるし、乱暴もする。

親としては超イライラするが、これが、自分と外界の連係を意識し始めた「始まり」なのである。「わぉ、成長してきたわ」と、わくわくしてください。

執着も乱暴も感情の爆発も、脳の発達からいったら、ある段階では必要で、誰でも

当たり前に通る道だ。「思う」ということが未熟なので、彼らにとっては「思ったとおり」にいかないことが山ほどあるからね。しかし、だからこそ、「思ったとおり」にいくかどうかの「実験」を繰り返し、「思う」という機能を鍛えていくわけである。

2歳児にとっては、ママを困らす行為も、脳の「実験」のうち。こうしたらどうなるか、もう少しこれをやってみたい……科学者のような好奇心の芽生えなので、あんまり抑え込むのもどうかと思う。

家事の段取りがくるうとか、家が汚れるとか、人前でされたら躾《しつけ》が悪いみたいでカッコワルイとか……親としては悩むわけだけど、長い人生のわずかな時間である、家が汚くたっていい、なんなら外出しなくたっていい、くらいにおおらかに考えてもいいのでは?

うちの息子は、1歳半の頃、ボックスタイプのティッシュを片っ端から引き出して遊び、私を「キーッ」と言わせていたが、おばあちゃんもおじいちゃんも、「誰でも通る道」と言いながら叱りもせず、撒《ま》き散らしたティッシュを拾って使っていた。それを見て私も肝が据わり、基本的に「叱る」ということは考えなかった。ほとほと困ったときには、頼み込むのである。「頼むよ。夕飯が作れないから、一緒に帰ってくれよ」とか、「頼むよ。カッコワルイから、大きな声を出さないでくれよ」とかね。

ただし、食べ物を粗末にするとか、お友達や生き物をいじめるなど、人間としてたとえ「実験」でも容認できないことをしたときには、叱るというより、はっきり感情を込めて怒るべきである。

うちは、お菓子を投げたりしたら、そのお菓子は取り上げて二度と渡さなかった。「ダメよ」とか「めっ」なんていっさい言わず、静かに「あなた、自分が何をしたか、わかってるの?」と、「極道の妻《おんな》たち」並みにすごんでいた。

同じ種類のお菓子もしばらくは買ってやらない徹底ぶりだったので、息子は間違ってお菓子を取り落としたときも、大あわてで拾っていた。

2~3歳児の「困ったこと」への対応は、彼らの脳の実験としておおらかに容認するか、理由をちゃんと話してやめてほしいと頼み込むか、真剣に怒るか、そのどれかしかない。おとなの生活しやすさのために、日常習慣的に叱るのは、彼らの脳の実験を阻害して好奇心を萎えさせるし、そのうち、ママの怒りにも鈍感になり、まったくいいことはないと思う。

そして、頼んでも聞いてくれないとき。このときは、もちろん「きっぱり実力行使」である。ミニカーの商品棚の前で頑《がん》として動かないときは、引きずってでも連れ去る。

そういえば、息子が3歳のある日、山手線の中で歌を歌い始めたことがあった。下ネタ満載の変な歌だったので、当然、「頼むよ。やめてくれよ」と頼んだ。けど、親の狼狽《ろうばい》と周囲の失笑がうれしくて、やめてくれない。しかたなく、無理やり電車から抱え降ろして、ホームの端っこで一緒に歌ってから乗ることにした。30過ぎてから、駅のホームで「うんことちんこの歌」を歌うなんて、思いもよらなかったけど。

そんなことを3駅ほど続けただろうか。最後は、「歌いたくなった」「え、次の駅までがまんしてね」「もれちゃう、もれちゃう」「ほらほら、口を押さえて」なんて言って、親子でくすくす笑ったっけ。時間に余裕があれば、こうして、彼らの脳の実験を一緒に楽しんじゃうのも手である。

また、ある日、息子がうどんを手首に巻いたので、「どんな感触なんだろう？　脳のどこを刺激するのかな?」と思い、同じようにしてみたこともある。そうしたら、面白いことに、息子がおびえて「ママ、やめなよ」と言うのだ。幼児といえども、悪いことはうすうすわかって「実験」しているのだろう。びっくりしてやめてくれるはずの母親が真似したので、かえってびびってしまったのである。

これを逆手にとって、あんまり言うことをきいてくれないお子さんなら、ママも子ども以上の嬌声《きょうせい》をあげちゃうとか、座り込んじゃうとか、1回くらいしてみるのも手かもしれない。

だって、あるとき、お友達とレストランで嬌声をあげていた息子に、「面白そうね。ママもやっちゃおうかしら」と声をかけたら、息子はぴたっとやめたのである。

お友達が「本気なわけないじゃん。大丈夫だよ」と声をかけたのに対して、息子はきっぱりと「いや。うちのママは、何するかわかんないとこあるから」と答えていた。母親としての信頼性は一時的に失うかもしれないけど(苦笑)、体面上の効果はてきめんである。

子ども脳前期（4～7歳）

一生の所作《しょさ》の基本が出来上がります。
スポーツやお稽古事との、しあわせな出会いをさせてあげたいとき。
男の子には、おとなの男性との時間を確保してあげて。

4～7歳は、自分と外界との空間関係性を認知し、美しい所作を身につけるときである。同時に、直感的な判断力が養われる。

たとえば、健康な人間なら、ある程度の年齢になれば、ちょっとしたでこぼこ道でもスタスタ歩けるし、狭い通路でも、壁にぶつからずにすんなり歩ける。狭い通路で、向こうから人が来ても、肩を斜めにしてすれ違うことができる。

人通りの多い街で育った都会人は、歩くという動作をやめずに、相手のために速度

を微妙に調整しながら、非常にエレガントにこれをやってのける。人を追い抜くときも、追い抜かれる人が背後の気配を感じて、ちょっと速度を落としてやり、追い抜く側がこれを察知してさらに速度を上げる。

東京には、美しい所作を生み出す、他人同士の阿吽《あうん》の呼吸があるのである。昔から、「江戸しぐさ」といわれているそうだ。田舎《いなか》育ちの私は、江戸しぐさはちょっと下手。お祭りの人込みなんかだと、江戸っ子の主人にどんどん置いていかれてしまう。息子は、私を気にして主人との間を歩いてくれ、とうとう私が不機嫌になると、「パパ、ママが怒ってるよ」と声をかけてくれる。さすがに、子はかすがい、である。

さて、ぬかるみでも滑らずに歩きつつ、肩をよけながらすれ違うというこれらの行為、2006年のロボットには、残念ながらまだできない。現在のロボットは、膝を変に曲げながら、ひょこひょこと歩くのが精一杯。刻々変わる空間を認知し、他者の動きを予測して流れるように動くなんて、夢のまた夢である。なぜなら、非常に難しい自律制御機構が必要になるからだ。

すなわち、「床面の状態にかかわらず、狭くても、混み合っていても、滑らず転ばず、ぶつからずに流れるように歩く」という行為は、空間の変化を認識しつつ、自らの動作を微細にコントロールした結果として、できることなのである。

私たち人間がこれを上手にやってのけるのは、無意識のうちに、小脳がこの制御を担当しているから。小脳は、空間認識と運動制御の司令塔なのである。その小脳が、7歳までに、空間と所作の関係性を覚えてしまうのだ。

壁や他人にぶつからずに歩く、コップの水をこぼさずに飲む、よどまずに話す、球を投げる、球を打つ、楽器を奏でる、舞う。あるいは、組み立てる、描く、文字を書く。こういう微細な身体制御を必要とする動作を、脳は、7歳までにその基礎を完成させる。言い換えれば、「見たことも、したこともない所作」を、8歳以降に獲得しようとしても困難なのである。

この8歳こそが、人生で最も大きな、脳の臨界期である。

臨界期とは、前にも述べたが、ある能力の完成期であり、「その年齢を超えると、同じ質の能力は二度と獲得できません」という限界期でもある。8歳は、空間と所作の関係性を覚える、限界年齢なのだ。

たとえば、二足歩行をしたことも見たこともない子どもがいたとすれば、8歳以降に練習しても、エレガントには歩けない。ロボット程度には歩けても、四つんばいのほうが楽。急げば、手足を使って走ることになる。

また、生まれつき目の見えなかった人が8歳以降に目が見えるようになっても、バラの写真を見て、バラと認識するのは難しいそうだ。彼らにとってバラとは、ビロードのような花びらの感触と、芳しい匂いで構成された記憶。触ったり嗅いだりして、「おお、バラだ」とわかるのである。8歳を超えてから視力を獲得した場合、何度、匂いや触感と画像を合わせて体験しても、画像だけで直感的に「お、バラだね」と思えるようにはならないのだとか。色もかたちもわかるのに「バラ」という認識へつながらない。脳が8歳までに、自然に獲得することのすごさを思い知るエピソードである。

話すという行為も、8歳までに獲得しないと、生涯、不自由してしまう。発音という身体制御も小脳がつかさどり、空間認識をしながら音声の制御をするので、8歳までに獲得しないと、生涯、普通の人と同じようにはしゃべれないのである。

さらに、音楽家に必須といわれる絶対音感も、8歳までに獲得しなかったら、その後の人生では身につけることはできないそうである。

このため、スポーツや芸事など、微細な身体感覚を競うような分野で子どもを活躍させようとするなら、子ども脳が安定した4歳から7歳までの間に始めさせることだ。

もちろん、その前から始めてもいいのだが、1歳で始めるのと4歳で始めるのとでは、長じた後の差で言えば、そうは変わらない。その分野で頭角を現せなかったときのリスクを考えるなら、3歳まではゆっくり遊ばせ、脳の可能性を全方位に広げておいて、特別なことは4～5歳で始めればいいと思う。

昔、花柳界では、「芸事は6歳の6月6日に始めるとよい」とされていた。数え年だから、今で言う4～5歳にあたる。昔の人は、よく、脳の発達の本当のところを見抜いていたと思う。きっと、多くの芸事の名人たちが、その時期に始めていたからなのだろう。逆に言えば、この時期が、お稽古事の開始適齢期ということになる。

このとき、ぜひ心がけてほしいのが、完成されたプロたちの所作を、目の前で見せることである。空間と所作の認知理解は、動作を見聞きし、息づかいを感じ、その場の雰囲気を感じ……そういう、肌合いのようなもので継承される。ＶＴＲでいいよ、というわけにはいかないのだ。

だからこそ、歌舞伎や能、舞、茶道、華道、宗教などの世界では、その宗家の生業《なりわい》が、家の子どもたちに代々伝えられてきたのである。

歌舞伎の家に生まれれば、その道のトッププロの骨格をＤＮＡで継承し、さらに、父、伯父、兄たちの所作を、日常生活でも目《ま》の当たりにする。ことばで表現しきれない伝統の真髄が、４歳から７歳の間に、家系の男たちから息子へ、無言・無意識のうちに伝えられるのだ。その家の、きらきらとこぼれるような芸の艶のようなものは、長じた後の他人に大学のような場所で教えても、残念ながら伝わらないのである。

このように、伝統を血で継ぐ、ということには、意外に深い意味がある。

５歳で後世に残る名曲を作ったモーツァルトが、父も天才音楽家だったのはつとに有名。楽器の演奏家や、音の空間構成を理解しなくてはならない作曲家も、8歳以前に生の音楽を経験していなければならない。

当代一のチェリスト、ヨーヨー・マも音楽一家に生まれ、5歳のときには、バッハの無伴奏チェロ組曲に挑戦していたそうだ。

最近のスポーツ界では、プロゴルフの宮里藍さん、横峯さくらさんが、親御さんの指導で幼い頃からクラブを握っていたのはよく知られている。興味深いのは、宮里藍さんも、横峯さくらさんも末っ子で、イチロー選手も松井秀喜選手も次男だということ。スケーターの浅田真央ちゃんも、スケーター姉妹の妹だ。

兄姉が先にスポーツに挑戦していて、その所作を見ていた分、下の子たちの脳は、所作認識の経験が長いと言える。下の子は、ちょっと有利なのかもしれない。ちなみに、モーツァルトにもヨーヨー・マにも、優秀な音楽家の姉がいる。

さて、ここで4歳から7歳にこだわっているのは、「超一流」を狙う場合である。プロゴルフやプロ野球のン億円プレーヤーになるとか、15歳なのにオリンピックへと騒がれるとか、天才音楽家として何百年も語り継がれるとか、全国何万という弟子の頂点に立つとか、ね。そこまでの期待でない場合は、何歳で始めてもいいのである。特に芸術のほうは、身体制御の僅差《きんさ》の戦いってわけじゃない。はみ出した個性みたいなもので人気を博す場合もあり、おとなになって始めたピアノで、個性的だと喝采《かっさい》を浴びたりもする。子どもの芸事の開始年齢が遅かったからといって、本人が頑張っているのに、この本を読んだ親が水をさすことはないですよ、もちろん。

ただ、せっかく、美しい所作を知る、4歳から7歳。将来何になるとしても、ぜひ、本物のプロの行為を見せてあげてください。一度は、何かの楽器をプロに習わせるとか、アート教室に通わせるとか、スポーツや日本舞踊、ダンスをやらせてあげることだ。子どもが興味を示さなければ、何ヵ月かでやめてもいいのである。

たとえ、身につかなかったとしても、この時期、プロのピアニストやヴァイオリニストの演奏に触れ、自分もやってみた体験や、アーティストの造形を真似する体験などは、将来、必ず役に立つ。プロ級のヴァイオリン奏者だったといわれるアインシュタイン博士をはじめ、多くの科学者や実業家が、音楽愛好家だったり美術愛好家だったりするのは、よく知られている。日頃の生活で目にしない所作は、脳の奥に残り、将来、何かの理解やインスピレーションの助けになってくれるはずだ。

また、何かのプロでなくても、子どもと似た骨格を持つ親たちは、元来、所作のいい師匠である。お料理、お手玉、プラモデル、なわとび、習字、お絵描き、手芸……なんでも、一緒にやってあげてください。スポーツや芸事に限らず、刃物を使ったり、米を研《と》いだりという生活体験もまた、この時期が重要である。

さらに、男の子には、男性の所作を見せることを心がけてほしい。

男性脳は、女性脳の数倍の空間認識能力がある。同じようにプラモデルを組み上げても、男性脳にしかわからない手順の美学のようなものがあり、どんなに器用なお母さんでも、こればっかりはお手上げだ。メカの操作や、スポーツも同じである。

男の子のお父さんは、彼らが4歳から7歳の時期、できるだけ一緒に遊んであげてほしい。ブロック、プラモデル、レーシングカー、工作、釣り、キャンプ、男の料理……。もちろん、お父さんでなくても、おじいちゃんでも、おじちゃんでも、お友達のパパでもいい。男の子には、男性からしか伝わらない所作の秘儀がある。

したがって、アートを習わせるのも、やはり男の子は、男性の先生に。楽器演奏も、できれば男性の先生が好ましい。なお、女の子が、男性の先生に習うのは悪いことじゃない。早いうちに、自分の脳にない感覚に出会えるからね。


男性脳の空間認識と所作の理解が、女性脳の何倍も優秀なのは、脳の構造が違うからである。オスとしての役割を果たすために、彼らの脳は女性脳とは違うかたちをしている。性器が違うように、自然で当たり前のことである。だから、以下のことを、目くじら立てずに聞いてほしい。

実のところ、男系継承の父の技を、娘に伝承すると技は劣化する。娘自身は、修業の末になんとか技の使い手となり、その代は問題がないとしても、次の伝承が女の手にゆだねられるのが問題なのだ。「型」の伝承においては、女性脳を経由すると暗黙の情報量が減り、女性によって伝えられる「伝統の型」は、美学を失う可能性が高い。

昔から、「伝統の型」の継承は、男子男系と相場が決まっていた。というより、男

子男系の継承にこだわった家柄だからこそ、何百年、何千年も残ってきた史実と見たほうが正しいのかもしれない。

もしも、後継者に男の子がなく、父の技をいったん娘に継がせても、男孫か血縁の男の子を傍に置き、直接手ほどきしたいのが、男系の宗家の悲願である。こういう家に嫁いで、「跡継ぎを産めだなんて、失礼だ」「女の子でがっかりだなんて、男女平等の時代に反する」と、人権論で息巻いても仕方ない。残念ながら、「伝統の型」を伝える場には、男女平等はありえないのである。

その一方で、織物、染色、老舗《しにせ》の女将《おかみ》業など、空間認識よりも、対象物や人間関係を見抜く能力で行う技は、女から女へ継承されてきた。そのどちらも必要とする舞や華道は、男女の継承者が混在している。

男と女は違う。伝統を継ぐ家に生まれたことは、特別である。伝承の家の夫婦は、代々伝えられてきた思いに報いるために、跡継ぎを残さなければならない。「自由」と「平等」は美しいことばだけど、女がそれを言い募《つの》るようになったら、この世から、多くの美しいものが消えていってしまうに違いない。

最後に、左利きの矯正について。

基本の所作を作り上げるこの時期のはじめ、子どもたちの利き手が確定する。利き手の心配も、ここでちょっとしておこう。

脳に、左半球（左脳）と右半球（右脳）があるのは、ご存じだろうか。脳は、左と右に分かれ、真ん中の脳梁《のうりょう》という「渡り廊下」で、左右の脳の情報を連係させている。

実は、脳にも優位な側（利き脳？）がある。それは、言語機能が局在する側。日本人の場合、ほとんどの人が、左脳に言語機能が局在している。この局在半球は、遺伝によって生まれつき定まっている。

そして、利き手、利き耳、利き目、利き足は、多くの場合、この脳の優位な半球と連係しているのである。耳、目、手足など左右の感覚器と脳は交差して連係しているので、左脳は、右手、右耳、右目、右足と連携し、右脳は、左手、左耳、左目、左足と連係している。

ちょっと、難しいかな？

つまり、人間には、左脳優位で右手が利き手という人と、右脳優位で左が利き手、という人が存在するのである。また、これらに比べると圧倒的に数が少ないが、左脳優位で左手が利き手という人と、右脳優位で右手が利き手という人がいる。

優位脳と利き手が連係している（交差している）人は、文字を覚えやすく、書き文字に親しみやすいという傾向がある。このため、ひらがな、カタカナ、漢字のようにバリエーション豊かな文字文化を抱える日本人は、他の国の人より、優位脳と利き手が連係している人の比率が高いそうだ。脳はもともと左脳優位が多いので、日本は、他の国に比べて、圧倒的な右手文化なのだ。

というわけで、この国では、道具やら、駅の自動改札機やら、ドアノブやら、世の中の多くのアイテムが右利き用にできている。食事のマナーや、文字の書き順も、左利きは戸惑うことが多い。

うちの息子も左利きだったので、最初は、文字を書くのに、紙にずぼずぼ穴を開けていた。右利きなら、自然に引いて払う箇所を、左利きは押して書くからね。小学生が渾身《こんしん》の力をこめると、鉛筆が紙に刺さってしまうのだ。

こうして、左利きは、いかにも生活が不自由そう。所作もちょっとみっともない。そんな理由で、多くの親たちが、左利きの矯正を考える。

しかし、ちょっと待って。

利き手を矯正するということは、本人の脳が自然に選択した手を使わせない、ってことだ。多くの場合、優位でない脳と連係している手を使わせるってことになる。単純に右利きになる、ということとは、ちょっと違うのである。

矯正されないと、言語機能のある側の脳で字を書きがち。だから、すんなり字を覚えられるし、その字から文学的想像が広がるのだ。「風」と書くと、風を感じる。風をテーマに詩を書いてみたくなる。そんな気持ちは、言語脳との連係が作り出す。

しかし、言語脳と連係していない手で字を書いても、そんな広がりは生まれない。

字を覚えるのも四苦八苦、作文は超苦しい、という状態になりかねない。

また、優位脳と連係しない手が自然に利き手になった子の場合、「感じる脳」と手が連係している。音楽やアート、デザイン、科学の世界に才能がある可能性が高い。矯正は、言語能力をあげるかもしれないが、せっかくの才能をつぶす可能性もある。

いずれにせよ、脳が自然に採択した利き手を使わせない「矯正」は、脳にとっては、苦行に等しいのである。特に、男性脳にとっては苦しい。

女性脳は、男性脳よりも脳梁が太く、左右脳の連係がいいので、比較的、臨機応変に対応できる。それに、もともと言語機能が発達しているため、ま、多少の枷《かせ》は大丈夫なのである。とはいっても、ちょっとは戸惑うし、ちょっとは苦しむ。そこはやっぱり、理解してあげてください。

というわけで、私は、男の子については、左利き矯正は勧めない。

左右の脳の連係の悪い男性脳は、言語脳と連係している手が使えないと、言語の発達が遅れることもあるくらいなのだ。

確かに、左利きは、所作がもたついて見える。けど、男の子の場合、それくらいいいのでは？　ちなみに、数学系の研究所に行くと、たいてい目立って左利きが多い。

レオナルド・ダ・ヴィンチ、アインシュタイン、ミケランジェロ、ラファエロ、バッハ、モーツァルト、ベートーベン、エジソンなどなど、左利きといわれる天才には枚挙にいとまがない。

見た目のもたつきを気にして、天才脳（かもしれない）をつぶしてしまうのはもったいないと、私は思う。


女の子の場合は、意外にすんなり「エレガントな両手利き」になったりする。右手を使わせてみて、ストレスが少ないようなら、矯正も大丈夫。

実は、女の子の左利きは、親が気づかないことも多いくらいなのだ。女性脳は観察力があるので、周囲の所作をしっかり真似して動く。このため、左利きなのに、最初から右で箸《はし》を使っていたりするのである。

というわけで、こと矯正に関しては、男女でリスクがまったく違う。お姉ちゃんはうまくいったのに、弟は……なんて、責めたらかわいそうである。

言語脳完成期（7〜8歳）

沈黙の反抗期。愛していることを、ちゃんと伝えて。


空間認識と所作、言語の機能が完成する7〜8歳。

言語脳完成期の大きな特徴は、長い文脈を理解するようになることである。


働くお母さんが、朝、いなくなる。

幼児のうちは、大泣きで別れても、「今、ママがいなくなる」のが寂しいのにすぎない。夕方まで長いなぁとか、こういうとき不自由するよなぁとか、未来への予測が働かないから、悲しみも長引かないのだ。

保育園に預け始めた当初、朝のお別れに息子があまりに悲しそうに泣くので、私も

涙ぐみながら駅に向かっていた。ある日、忘れ物に気づいて保育園に戻ったら、なんと3分前にはこの世の終わりみたいに泣いていた息子が、満面の笑みでプリンを食べているのを目撃してしまったのだ。な～んだ、と力が抜けた。まぁ考えてみればそうである。短い文脈しかキープできない幼児の脳で、そう長く悲しんでいるわけもない。

やがて、夕方までの長さがわかるようになって、彼らの悩みはちょっと深くなるが、同じ頃に、友達と遊ぶのがぐんぐん楽しくなるので、まぁ、大丈夫。

もう少し長い文脈が理解できるようになると、「今日は、ママ、遅いなぁ。そういえば、昨日も遅かった。明日も遅いのかしらん」と、過去の分析と、未来の予測ができるようになる。

そして、7歳ともなれば、「考えてみれば、ママは、よく遅くなるんだよね。ママはさ、ぼくより、仕事のほうが好きなんじゃないかな」という、とんでもないところまで文脈が届くのだ。

言語脳完成期、こうして母親たちは、思いもよらぬ疑いをかけられることになる。専業主婦といっても油断はできない。別の理由で、「ふ～ん。ママの愛情は、そんなもん」と思われている可能性もある。長い文脈が設定できるようになり、つい、悲観的な文脈も作ってしまうのだろう。

さて、問題なのは、言語脳完成期の脳が、この嫌疑《けんぎ》をことばにして語ってくれないことなのだ。静かに疑って、沈黙のうちにストレスを溜め込んでしまう。

キャリアウーマンのお母さんの多くが、子どもが7歳半ばから8歳の頃、「お腹が痛い」「頭が痛い」と訴えて学校に行きたがらなかった期間があったと話す。あるとき、女性経営者の会合でそのことが話題になり、息子がちょうど7歳だった私は、先輩ママからこんなコツを教えられた。

「8歳近くになると、お腹が痛いといって、何日もぼんやりと学校を休むことがあると思うわ。それは、仕事の責任を優先してきた母親への、長い間の鬱積《うっせき》だから、ここでちゃんと、仕事よりあなたが大事、ということを知らせてやる必要がある。けど、ことばで愛してるって言うだけじゃダメなのよ。子どもに手帳を見せるの。で、仕事の予定が入っているところは仕方ないとして、『空いている日は全部あなたにあげる』

って伝えるのよ。赤ペンを渡して、『あなたが、ママに家にいてもらいたい日に丸をつけて。ママは、ちゃんと家にいてあげる。仕事よりずっと、あなたが大事だから』って。もちろん、子どもが丸をつけた日、本当にちゃんとすべて、会社を休むこと」

彼女はこともなげに、そう言い切った。ちょっと驚いた私に、彼女は笑って、こうつけ加えた。「大丈夫よ。見開き1週間の手帳なら、子どもは、その1週間に必死に丸をして、それで気がすむから。いくら忙しくたって、愛する子どものためなら、1週間くらいなんとでもなるでしょ？」。

「それに」と彼女は、意味深なことを言った。「二度目はきっと、ないと思うわよ」

それから、2ヵ月ほどして、その日は本当にやってきた。

2年生になりたてのゴールデンウィーク明け、7歳9ヵ月の息子は、いったん登校したのに「お腹が痛い」と言って帰ってきた。熱があるわけでもないので、その日はただ、ゆっくり過ごさせた。同じような日が3日続いて、私も覚悟が決まった。

私は、彼の目の前に手帳を広げた。「この、字が書いてある日は、仕事の約束があって、ママは家にいられないの」、そう切り出したら、「わかってるよ」と、いかにも素っ気ない返事が返ってきた。

「でもね、ここから先」と息子に、白い枠を指で示す。「白いところは、全部、あなたのものよ。ママは、働くのが好きだけど、それよりも、あなたのほうがずっとずっと大事。あなたが休んでほしいと思う分だけ、赤い丸をつけていいわ。ママは、会社を休んで、ずっとそばにいてあげる」

息子は、赤ペンをぎゅっと握り、裏移りするくらいの強さで大きな赤丸を書いた。私は、このときの、強く握りすぎて白くなっていた息子の指の関節を思い出すと、今でも涙がこぼれそうになる。私のことを、あんなにも必要としてくれていたなんて……。

なのに、そのときの私ときたら、次のページにも丸がついたらどうしようと、考えていた。30代の若さで、仕事の責任も気になっていたのだ。今思えば、ばかばかしい。息子が、もし手帳を赤丸でいっぱいにしたら、仕事を辞めればよかったのだ。子育て以上の責任なんて、社会には転がっていない。

でも、先輩ママが言ったとおり、まるまる1週間分の赤丸を書いたところで、彼は、ほっと一息ついた。彼は翌日から、元気に学校に行くようになった。

1ヵ月ほどして、その週はやってきた。「ママ、エプロンして、髪をひとつにしばって、手作りのおやつ作ってね。お友達、連れてきてもいい?」と、息子は期待満々だ。息子の理想の母親像を、私は、このとき初めて知った。しかし、なんとまぁ、ステレオタイプなのかしら。とりあえず、彼の希望はちゃんと聞いてあげた。しかし、私の希望も聞いてもらうことになった。

何せ、ここまで、躾《しつ》けてなかった息子である。「ただいま~っ」と帰ってきたら、玄関にランドセルとズボンを脱ぎ捨て、パンツ、靴下、上着、シャツ、と、彼が歩いた道のりに、点々と制服が散らばっていく(なぜ、下半身から裸になる?)。

考えてみれば、いつもはこれ、私が無意識のうちに拾い集めていたのである。当時はあまりにも忙しくて、これくらいは無意識にやってのけないと家が片付かなかったのだ。はっと気がつき、反省する母。当然、「ランドセルは、机の上。上着とズボンはハンガーにかけて、シャツ、パンツ、靴下は洗濯機の中!」と叱られる息子である。さらに、寝転んで漫画を読む前に、宿題のチェック。約束どおり、手作りのおやつは出てくるけれど、ゲーム時間も細かくコントロールされ、なんとも優等生な一日が暮れていく。

最終日、息子に「しあわせ?」と聞いたら、「まあまあ」と苦笑いしている。「次はどうする?」と手帳を広げたら、「もういいよ」と逃げ出してしまった。きっと、母親の深い愛情を思い知ったのに違いない。

その日から今日までの7年間、彼が私の手帳に赤丸をつけたいと申し出たことはなく、愛情を疑うような素振りを見せたこともない。

この8歳まぎわの「沈黙の反抗期」を乗り切ると、思春期の反抗期が楽、という話を聞いていたのだが、その噂どおり、息子には思春期の気難しい時期は存在しなかった。母に優しい息子のまま、今年は15歳になる。

8歳。言語脳の完成に伴う、沈黙の反抗期。ここまでの育児のつけを払うときである。つけがないお母さんには、やってこないかもしれないが、ま、どんな親にも、子どもの側から見れば、皆、多少のつけがある。子どもの様子がおかしかったら、会社より子どもを優先する日を作ったり、妹よりその子を優先する日を作ったり、態度でしっかり愛情を示してやってください。

Animal
NOTE

第4章　銀のルール　その2

子ども脳後期（9〜11歳）

人生で脳が最もよくなる3年間、ゴールデンエイジの到来である。
ここは、ただただ金のルールを守ってもらいたい。銀のルールはない。

さあ、言語脳が完成した後の9、10、11歳の3年間には、脳の成長の大団円、脳のゴールデンエイジがやってくる。

3歳まで、脳をいじらずに温存した「感じる力」。4〜7歳の間に鍛えた直感力。これに対し、言語脳完成期8歳を過ぎると、「考える力」が急に発達し始める。これに続く、9〜11歳の3年間は、脳の3つの力、「感じる力」、「考える力」、直感力の連携機能が出来上がるときである。第2章でも述べたが、私たちの脳の「感じる力」は、ほとんど奇跡だ。脳の持ち主の想像を、はるかに凌ぐ超高性能な力なのである。この

「感じる力」を、「考える力」につないでやるのが直感力の働きである。

この3つの脳力がそれぞれにイキイキと働き、上手に連携しているからこそ、「天才脳」になれるのだ。すなわち、常に勘やインスピレーションが働き、豊かなアイデアが繰り出される、疲れ知らずのタフな柔軟脳。3つの脳力の連携なくして、「考える力」をいくら鍛えても、ナイーブにして傲慢《ごうまん》な石頭になってしまう。

実は、12歳のときに、脳は大きな変革期を迎える。機能構造ががらりと変わるのだ。子ども脳から、おとな脳に変化するのである。

子ども脳というのは、五感で感じ取ったことを子細漏らさずどんどん吸収する、感度抜群のミラクル脳だ。しかし、この吸収力のまま何十年も生きていくのには無理がある。膨大な数の脳細胞といえども、情報で溢れてしまうからね。

そこで、成長の最終段階に、「感度は鈍いけれど、要領よく知識を格納できる」おとな脳へと構造を変えるのである。おとな脳に変わったら、ここからは、基本的に鍛えることができるのは「考える力」だけになる。

構造を変える直前、子どもたちの脳では、ミラクル脳による最後の仕上げが行われる。それが、3つの脳力の連携機能の生成であり、脳が最も賢くなるゴールデンエイジの実態なのである。すなわち、この時期、脳は、一生使える「知識の枠組み」を手に入れることになる。

脳をコンピュータにたとえると、この時期手に入れる「知識の枠組み」はOSのようなもの。コンピュータの価値を決める中枢の機能である。これに比べたら、おとな脳になってから手に入れる知識は、単なるデータファイルにしかすぎない。人生をサイクリングにたとえれば、この時期手に入れる「知識の枠組み」は自転車本体である。おとな脳になってから手に入れる知識は、かごに入れた荷物にしかすぎない。

つまりね、楽々と車も追い抜く10段ギアの美しいスポーツサイクルを手に入れるか、ひたすらバタバタ漕《こ》ぐしかないお安いママチャリを手に入れるかは、この3年間に決まってしまうのである。その後の人生の過ごし方……ずいぶん違ってきそうでしょ?

ここが、人生の本当に大事な3年間だってこと、わかっていただけただろうか。

このゴールデンエイジに、親がしてやれることは何もない。知識を日々、量産しているので、知識工場が働かなくては始まらない。ひたすら、海馬《かいば》頼みなのである。

ということで、ただただ「早寝、早起き、朝ごはん、読書」だけが、子どもたちの脳を助けてやれる。とにかく、金のルールを遵守《じゅんしゅ》してほしい。


ゴールデンエイジと睡眠の蜜月関係からいえば、中学受験は、本人が趣味のように挑戦的に楽しんでいる場合以外は、どうか過酷なスケジュールを押しつけないでほしい。もちろん、「早寝、早起き、朝ごはん」と中学受験がセットで実現可能なら、ぜんぜん問題ない。頑張ってください。

この間、あるお母さんにこう言われた。「私は働いているし、どうしたって、早寝させて中学受験するのは無理。だから、金のルールに非常に傷ついた。こんなこと言われても困るので、この子育て法はなかったことにしてもらいたい」と。

「朝4時に起きて勉強すればいいので、朝型に変えてみては?」とアドバイスしたら、「私の身体がもたないわ。信じられない」と激怒された。「中学受験をやめるという選択は?」と聞いたら「ありえない!」そうである。

中学受験がその子の人生にどうしても必要で、母親の仕事も母親の身体も大切なら、まぁ睡眠削って塾通いもありかもね、と、私は思う。なぜなら、OSが単純で知識が豊富という脳は、「戦争のない合理化社会」では要領よく出世していける脳だからだ。一流の学歴や、一流の肩書には、最短で駆け上がれる脳のスタイルである。社会構造の数パーセントには、実は、こういう情緒に欠ける論理脳が必要でもある。

もちろん、ゴールデンエイジに十分な睡眠を与えなかった脳が、皆、発想に欠けるわけじゃない。ただ、その傾向がある、という覚悟は必要だと思う。発想力が乏しく、真面目に考える論理脳は、官僚・医者・弁護士など従来型のエリート職には向いている。しかし、事業家やクリエイターを目指すなら、ありとあらゆる方法論を学ばなければならなくなる。発想力のある人間の何倍も勉強しないと追いつかなくなる。

あなたの子どものゴールデンエイジを、「早寝、早起き、朝ごはん」でいくか、それをないがしろにしてでも中学受験にかけるか。これは職業によっては、後の人生を発想力でのびやかに生きるか、学習と論理で必死に生き抜くか、の究極の選択である。

その選択が、親の戦略力にゆだねられている。どうか子どもの個性を見抜き、社会の先を読み、リスクとゲインのバランスを吟味していただきたい。それくらいの責任は親にはある。ブランドもののバッグを買うみたいに受験をしている場合じゃないと思う。

ちなみに、我が家では、2000年の息子のゴールデンエイジ突入年に、「人口減少は意外に早くやってきて、ここ30年くらいは発想力の時代」と読んだ。要領の悪い我が家の息子が、子ども脳の仕上げ（睡眠）と、受験とをこなせるわけがないので、中学受験は考えなかった。けど、少子化がうまく止まって、合理化画一戦略の産業構造に意外に早く突入したら、息子はちょっと割を食うかもしれない。論理と努力のエリートたちの時代が、またやってくるからね。けど、ま、そのときはそのとき。おとなになった息子が、自分で戦略を考えるだろう。

しかし、何度も言うけど、中学受験も「早寝、早起き、朝ごはん」とセットなら大丈夫。発想力と論理的戦略のどちらも手に入る。私は、中学受験否定派じゃない。選ばれた場所で、選ばれた友人たちと人脈を築くというのもまたいいものである。周りがなまけないから、自然と頑張れるしね。

おとな脳黎明《れいめい》期（12〜15歳）

脳が最も危ういとき。判断を間違い、感情に走る。子ども自身が内心動揺しているので、親は動じないこと。「思春期なんて、そんなものよ」と、笑い飛ばしてあげたい。そして、「愛してる」とことばで伝えて。12歳から15歳の酒とタバコは、脳に深刻な影響を与える。絶対にダメ！

12歳で、ヒトの脳は、子ども脳から、おとな脳へ変わる。

体験を五感で感じ取って、まるごと吸収する子ども脳から、一種の「思い込み」によって要領よく知識を詰め込めるおとな脳へ。子ども脳とおとな脳では、データの持ち方と、データ検索の方式ががらりと変わるのである。まったく違うデータベースのようなものだ。

子ども脳は、目の前の事象を認識するとき、五感のすべてと第六感（小脳の空間認識力によって直観的につかむ情報）まで駆使して、濃厚な情報をつかみとる。この全情報をまるごとさっとキープすることが、彼らの脳にはできるのである。

おとな脳は、目の前の事象を認識するとき、過去の類似事象の記憶を探し出して、その記憶との違いだけを把握する。「あ〜これ、あれね、あれあれ。あそこここがちょっと違うけど」……ことばにすると、おばちゃんの会話みたいだけど、まさにおばちゃんの思考方式が、おとな脳の基本だ。おとな脳は、だから、思い込みとか、決めつけが激しいのである。しかしながら、データ量が格段に少なくてすむ。昔の記憶の番地＋《プラス》差分（違い）だけですむからね。

12歳の終わりごろ、こうして、認識の方式と、データの持ち方、データ検索の方式が変わる。このため、13歳から15歳までの3年間は、はっきり言って、脳の持ち主自体が混乱している。だって、今までとは違う方式で、ものごとを認識し、判断し始めるのである。当然、自分自身の感じ方に微《かす》かな違和感がある日々である。また、自分でもびっくりするような判断ミスを犯し、友達を傷つけたり、深い自己嫌悪に陥ったりする。揺れるのは、当然だ。

さらに、この時期、女の子にはエストロゲン、男の子にはテストステロンと呼ばれる生殖ホルモンが大量分泌されるのである。エストロゲンは、卵巣から分泌される女性ホルモンの代表選手。細胞に水分を取り込み、脂肪を溜め込み、女らしいみずみずしい柔肌と、「ボン、キュッ、パッ」のめりはりボディを作り出す。さらに、エストロゲンは、精神的にはイライラ感を作り出し、女の子を急に意地悪にしてしまう。

成熟した20〜40代前半の女性の場合、エストロゲンは、排卵の1週間前から増え始め、3日前にピークを迎える。来る排卵に際し、運よく受精卵となったら妊婦である。この準備のため、エストロゲンは、水分と脂肪を身体に溜め込むのである。

さらにエストロゲンは女をイライラさせ、意地悪な気持ちにする。なぜか、この時期、パートナーに理不尽なからみ方をする女性が多い。なぜだか、わかりますか?

理不尽なことばでからまれると、男性脳はパニック状態になる。男性脳がパニックになると、テストステロンという男性ホルモンが大量に分泌される。テストステロンは、性衝動を引き起こし、分別を失わせるホルモンなのだ。

つまりね、排卵直前の女が、「あなたは、私のことなんて、ちっともわかってくれない」とかなんとか言って、からむ。パートナーの男は困惑して、なぜかわからないけど、したくなって（下品な表現でごめんあそばせ）、なるようになっちゃう。めでたく、受精卵の一丁上がり……というのが、女性ホルモンと男性ホルモンがセットで仕掛けている罠《わな》（？）なのである。ま、それで、愛しい子どもたちが生まれてくるのだから、ありがたい罠だけどね。

この仕掛けのために、エストロゲンは、意地悪な「からみたい衝動」を女性脳に作り出す。成熟した女性なら、エストロゲンは、排卵前と、生理直前から生理3日目あたりまでの期間によく分泌されているのである。なぜか、生理の始まりのときにイライラしてしまう、という女性はけっこう多いはずだ。

中学生女子は、これが大量に分泌されている。水分や脂肪が溜まりやすい身体は、重くてだるいし、気分はイライラしてて、なんだか最低……というのが、彼女たちの基本の精神状態。その身体と心で、高校受験までこなさなきゃならないんだから、なんだか、かわいそうになる。

この時期、女の子が、イライラして意地悪な言動をぶつけてきても、「小学生のときまで、あんなにいい子だったのに」なんて、親が動揺してる場合じゃない。彼女たちのほうが、自分の悪魔ぶりに、動揺しているはず。傷ついてもいるはずだ。たいていは、引っ込みがつかなくて、強がり言っちゃうけどね。友人関係も、これで感情的にぎくしゃくするとき。こんなとき、女親は、「そのイライラね、エストロゲンのせいなのよ。もうすぐ、あなたもあの子も、おだやかな気持ちに戻るわよ。いい親友になれるって。大丈夫」と、励ましてやりたいものだ。

けど、出産年齢が上がっているために、最近の中学生の母親は、自分が更年期にさしかかってしまう。一緒にイライラして、家族関係が混乱の極みになることも。母娘してパパにからもうと思ったら、パパも更年期鬱《うつ》なんてこともありうる。

ま、なにもかもホルモンのいたずらだと思えば、深呼吸できる。知性は、家族を救ってくれる。頑張りましょう。

さて、テストステロンが量産される男の子のほう。

テストステロンは、競争心を掻《か》き立てる。テストステロン分泌時の男性脳は、暴力や破壊の興奮に駆り立てられ、ときに分別を失う。縄張り意識が強くなるため、プライバシーに触れられるのを極端に嫌うようになる。

「どこに行くの?」「どんな友達とつき合ってるの?」のような質問に、いきなり逆上してしまうのも、テストステロンのせいなのだ。

逆上した後は、一気にナイーブになってしまうのも、男性脳の特徴である。彼らの脳は、非常に繊細な正義感や社会性（女には優しくしなきゃ、のような）と、破壊的な競争心という、相反した要素を持っている。少年のうちは、その自己矛盾に傷ついてしまうのである。

優しくて繊細な男の子たちの脳に、乱暴なテストステロンがやってくる。自分を抑えられなくて逆上してしまった後に、彼らは悲しくてたまらないのだ。

男の子の脳で起こることを想像すると、なんとも、かわいそうである。うちの息子は、13歳の冬、たった1回だけ、テストステロン系の逆上で目くじらを立てた（後述のエッセイ「ヴァレンタイン・キッス」参照）。私は胸がきゅんとして、抱きしめてやりたい気持ちでいっぱいになった。けど、ま、こんなときに抱きしめると、またまた逆上されちゃうから、黙ってたけどね。

男たちは、こういう原初的な悲しさを抱えているから、崇高な文学や芸術を生み出してゆくんだろう。

女の子も、男の子も、不安と自己嫌悪とともにある、13歳から14歳の頃。親はタイミングを見計らって、「愛してる」と、ことばで伝えてあげてほしい。「あなたに逢えて、本当に良かった。あなたをどんなに愛しているかわからない」と。できれば、女の子には男親が、男の子には女親が、きちんと伝えて。この時期、愛をことばで刻印された脳は、生涯、強い自己肯定で生きられる。強いのである。

しかし、女の子のからみ癖も男の子の逆上も、普通は、15歳までにはおさまってくる。前頭葉《ぜんとうよう》という分別をつかさどっている脳の部分が、ぐんぐん成長してくるからだ。ちなみに、分別をつかさどる前頭葉は、13歳から15歳までに急成長する。その後、20歳までかけて、ゆっくりと成熟していく。

実は、この前頭葉は、タバコと飲酒に弱いのである。13歳から15歳までの習慣性のタバコと深酒は、前頭葉を未成熟なままにしてしまう。いつまでたっても、テストステロン系の逆上や、エストロゲン系の陰険さにからめとられてしまい、「更年期まで思春期」みたいなカッコワルイおとなになってしまうのである。当然、能力もジリ貧、エリートには程遠い人生を歩むことになる。

子どもたちには、ぜひ、このことを知らせてやっていただきたい。18歳までは、タバコも酒も禁止である。エリートを目指しているのなら、20歳まではやめてほしいところ。脳を、そのぎりぎりの可能性まで、伸ばしてあげたいじゃない?

つまり、「酒・タバコは20歳から」という法律は、道徳的な決まりなんじゃない。国民の脳を劣化させないようにするための、大事な施策なのである。

特に15歳までは、絶対にダメ! タバコなんて、ちょっと、試してみるのもダメである。お酒のほうは、まぁ、お正月のおとそだの、クリスマスのシャンパンだのにまで目くじらを立てる必要はないが、仲間同士で飲んで酔っ払うなんて言語道断だ。

……そして、ドラッグ。タバコや酒は、前頭葉の発達を妨げるだけだが、ドラッグは、溶かしてしまうのである。何歳であっても、ドラッグはありえない。こうなると、残念ながら、もう、人間の脳とは言えない。

せめて15歳までの禁酒禁煙、そして、一生のドラッグ禁止。これだけは、ヒトとして踏み外しちゃダメだと思う。だって、脳を壊してしまったら、後の人生で「やっぱり、やり直そう」と思っても、取り返しがつかないからだ。

エリートになるかどうかなんて、実のところ、どうだっていい。社会に大迷惑をかけないのなら、だらしない人生を生きたって、本当はいいのである。ただ、本人がやる気になってもやり直せない人生を、60年も70年も生きていかなきゃならないなんて、本当に悲しいと思う。

さて、12歳で、おとな脳の仕組みに変わった子どもたちの脳。

しかし、もちろん、それで完成というわけにはいかない。12歳までの子ども時代に溜め込んだ記憶は、まだ子ども脳のデータ型のまま。これらを、おとな脳が使えるデータ型に、どんどん変換してやらなきゃならない。13歳から15歳までの脳は、これをやっているのである。

データ変換は、知識工場の仕事なので、この時期は当然眠い。寝ても寝ても、寝たりない。図体の大きな中学生が、昼も夜も寝ているのは、なんともだらしない感じがするものだが、このときばかりは、しかたがない。大目に見てあげてほしい。

さらに、13歳の脳は、知識の獲得期に入る。「考える脳」の優先期間が始まったのだ。この時期、スポンジが水を吸い込むように「勉強」が身につくようになる。

数学の図形や論理証明、方程式、外国語の習得、科学の理解、歴史の把握、文学全集の読破などなど、何をやってもするすると納得がいく。13歳になる年、体験学習型の小学校から、理解学習型の中学校へと進学するのは、理にかなっているのである。昔からのやり方というのは、ほんと、よくできている。

こういう「考える脳」の納得は、起きている間にもやってくる。睡眠を削って、勉強してても甲斐がある時期でもある。眠りたければ寝るべきだけど、目が冴《さ》えて勉強したいときは、夜更かしもOK。もう、好きなだけ、死ぬほど勉強してください。

そういう意味で、中学受験と高校受験は、脳のリスクがまったく違う。この時期なら、詰め込み勉強も脳の成長を阻害しない。

それどころか、おとな脳に変化してからの詰め込み知識は、後々の人生で意外に使い道がある。古文の語尾変化も、物理のエネルギー保存の法則も、試験が終わったら一生使わないけれど、その整理の仕方や考え方の枠組みは、意外に役に立ったりしているのである。

まぁ、母親の命令で受験に精出す年頃でもないけど、鬼のようなスパルタママになってもOKです。

ただし、脳の知識モデルは「寝ないで勉強」に強くなったとしても、心のほうは睡眠を必要としている。イライラしたり、落ち込んだり、他人の言動が必要以上に気になったり、集中力を失ったり……こういう、自分ではコントロールできないネガティブな意識にとらわれたら、「早寝、早起き」がよく効く。満ち足りた情感を作り出すセロトニンを出さなきゃならないからね。
思春期には、どうしても心が揺れるから、やっぱり基本は寝たほうがいい。ばりばり勉強する日とのめりはりをつけよう。また、「落ち込んだら、寝る」「煮詰まったら、寝る」は、おとなも使える人生達人のコツである。ぜひ、覚えておいてください。

さて。
15歳の誕生日が来たら、脳は、一応の完成体となる。
ここから先、親がしてあげられることは、「いい友人になる」ことだけだ。
本当に、お疲れ様でした。

大切なあなたに、伝えたいこと

胎内の記憶

うちの息子は、おなかの中の記憶を語ってくれた。2歳になる少し前のことである。

ある日、息子が、私のトレーナーのおなかの部分にすっぽりと入り込んで楽しそうに遊んでいた。ひとしきりして、「トレーナーの裾が伸びちゃうよ。そろそろ出ておいで」と言おうとしたとき、彼がふと、「ママ、ゆうちゃん、ここにいたんだよね」とつぶやいたのである。

その時点では、私は、これが彼の胎内の記憶だとは思わなかった。「ゆうちゃんは、ママのおなかにいたのよ」と、何度か話していたから。なので、当たり前に「そうよ」とうなずいたのだが、息子の次のことばで、はっとして手が止まった。

「ママは、ゆうちゃんのこと、あかちゃん、って呼んでたね。あかちゃん頑張って、ってゆったね」

生まれてすぐに名前を決めたので、息子を「あかちゃん」と呼んだのは、胎児の間だけである。そして「あかちゃん頑張って」は、臨月まで残業して働いていた私の、職場での口癖だった。

妊娠9ヵ月にもなって、3時間にも及ぶ会議をこなしたりすると、おなかが張って苦しかった。私は、おなかの子はもっと苦しいに違いないと心配になった。そのため、職場の廊下や駅のホームで「あかちゃん、頑張って」と幾度となくおなかをさすったのである。ふたりしてバブル期のオーバーワークに耐えたのだった。考えてみれば、胎児期の息子は、すでにして「企業戦士」だったのである。

息子は胎児期の記憶を語ってるんだ！

私は素直にそう信じた。

そうしてみると、私の好奇心がむくむくと膨らんだ。私には昔から、どうしても知りたい疑問があったのである。それは、「赤ちゃんは、どこから来るの？」であった。

お母さんのおなかに入る前、魂はどこにいたの？

メーテルリンクの名作戯曲『青い鳥』の中では、魂たちが胎児になる順番を待つ場面が出てきた。子どもの頃、この戯曲を読んだときから、私は「本当のところはどうなのよ」とずっと思ってきたのである。この質問に、納得のいく答えをもらったことは一度もなかった。

この命題、今、胎児期の記憶を語っているこの子に解いてもらうしかない。私はそう確信した。

私は慎重に行動に移した。「え〜！ ゆうちゃん、おなかの中のこと覚えてるんだぁ。すごい、すごい」なんて嬌声をあげて彼を驚かしたら、息子の大事な記憶の扉が閉じてしまうかもしれない。まずは、最初の驚きを飲み込んで、深呼吸する。そうして、喉の緊張をほぐしながら、息子と呼吸のタイミングを合わせた。

ちなみに、対話の相手に心を開いてほしいと思ったら、呼吸のタイミングを合わせるのは、とても有効な手段だ。相手がおとなでも効く。真実のことばを引き出せる。奇跡も起こるよ。

こうして、息子が息を吸うタイミングと一緒に、私は、すっと質問を口にした。彼が吐く息にのせて返事ができるように。

「ゆうちゃんは、ママのおなかにいたのよねぇ」「うん」

「で、その前は、どこから来たの？」「……」

ここまで慎重を期しながらも、本当のところ、彼の答えをほとんど期待していなかった。ましてや、私が納得できる答えなど……。しかし、次の息子のセリフで、私はこの命題の、永遠の解答をもらったのだった。

「ママ、忘れちゃったの？
ゆうちゃんは木の上に咲いていたんじゃない。
で、ママと目が合ったら、ママがおいでっていってぇ、
それでもって、ここに来たんだよ」

美しい詩のようだった。

私は、涙が止まらなかった。

もちろん、彼が、ことばどおりに木の上に咲いていたかどうかはわからない。けれど、少なくとも、彼の原点の記憶は、「木の上に咲いていた」と表現するような穏やかな満ち足りた場所から始まっているのだ。

そうして、私の魂と共振して、彼はちゃんと何かを確信してここに来たのである。その創《はじ》め、私たちは、ともに求め合った。ぼんやりと親子になったわけじゃない。

それにね、彼の「木の上に咲いていた」も、必ずしも全否定できるものじゃない。魂は森羅万象《しんらばんしょう》に寄り添うもので、ときに風になり、ときに雨として大地にしみこみ、やがて、木の上に咲く日もあるのかもしれない。

息子のこのセリフに出会ってから、私は、この世の事象のすべてが愛しいと思えるようになり、大切な人たちが逝くのが怖くなくなった。

あれから、義父や叔母を見送ったけれど、きっと森羅万象に散って傍にいてくれる、と穏やかに信じている。葬式で流す涙の種類も変わった。悲しみの涙ではなく、満ち足りた魂を祝福する透明な涙になった。

私は、このことばに出会えただけで、一生分の親孝行をもらったと思っている。子どもは、神の使いなのかもしれないね。

そして、胎児を抱いている40週間、私たちは、「神の子」の宇宙になる。母になるというのは、なんて素晴らしいことなんだろう。

女に生まれ、今母になれて、本当によかったね。……すべての妊婦さんに、この気持ちを伝えたい。祈るようにそう思う。

マニュアル神話なんか、ぶっとばせ

今から十数年前、私の同世代の女性たちが母親になり始めた頃は、なぜか育児書をバイブルのように信じ込む親たちが山ほどいた。

たとえば、母乳のお母さんがこう言うのを聞いて、私はぶっとんでしまった。

「母乳なので、何cc飲んだかわからない。不安だから、ベビー用の体重計を買って、授乳前と授乳後に体重を測って、その差から飲んだ量を計算するの。50グラム増えたから、50ccとかね」

「どうして、容積なんか気にするの？？？」と聞くと、「育児マニュアルに書いてある量を飲んでいるかどうか不安だから。ママ同士のおしゃべりでも何cc飲んでるか話題になるし」。

えええ⁉　である。自分の乳房から出している液体である。その豊かさや枯れぐあいは、ある程度わかる。ま、仮にわからなくたって、子どもの満足度が低ければ出ないお乳に焦《じ》れて泣いたり、すぐにお腹が空いて泣いたりするから、わかるでしょうに。

それに、マニュアルに書いてあるのは、あくまでも平均だ。大事なのは、平均と同じ容積かどうかを1cc単位で追求することじゃなく、自分の子どもの満足度を、母親が全身で感じることじゃない？　骨太で、激しく泣くタイプで、エネルギー消費量がとびぬけて高そうな赤ん坊に、「うちのは飲みすぎなの。だから、少し控えめにしている」って……おいおい、成長分に足りないよ、それじゃ。

それに、一心におっぱいを飲めば汗もかく。汗の消失分はどうなるの？　理系の私としては、1ccを最小単位にして摂取量にこだわるんなら、汗の消失分も誤差の範囲とは思えず気になって仕方がない。

脳の「感じる力」だけで生きている赤ちゃんは、ちゃんと必要な分だけほしがる。ほしがるだけもらえないと、焦れて泣く。赤ちゃんの脳こそ、その赤ちゃんのための高性能センサーなのだ。マニュアルが入り込む余地なんてない。母親は、子どもの息づかいを肌で感じていればいいのである。

ちなみに、1990年頃おかしかったのは母親だけじゃなかった。あるとき、子どもの下痢が続くので小児科に行ったら、若い外来担当医が「今朝はお乳を何cc飲みました?」と聞く。「母乳だから容積では把握していませんが、いつもどおりの飲み方でした」と言うと、授乳前後の体重測定をしていないのかと驚かれ、それでなぜ「いつもどおり」とわかるのかと軽蔑したように言う。

「へ?」と、私は変な声をあげてしまった。「そんなの乳首と乳房の感じでわかりますよ。いつもどおりにシュッシュと気持ちよく吸って、いつもどおりの時間をかけて、いつもどおりに乳房の張りが減りました。変わった感じはありませんでした」。

小児科医は「それじゃ、子どもの様子を把握できたことになりませんね。面倒くさがらずに、ちゃんと測りましょう」と言うので、啞然《あぜん》としてしまった。「8月16日午前

8時120cc」みたいな数値が、母親の直感の「いつもどおり」より信頼されるなんて。私は当時、人工知能の研究者で、人間の直感をなんとか機械で再現できないかを研究テーマにしていた。機械の観測値よりも何百倍もヒトの直感が優れていることを、日々思い知らされていたので、こういう育児のマニュアル化には心底びっくりしてしまった。

もうひとつ、母乳がらみで、戦慄《せんりつ》してしまったことがある。

1歳児健診を受けたとき、まだ母乳を飲んでいると報告したら、小児科医があわてて「そりゃ、たいへんだ。早く乳離れさせなきゃ。この後、特別に離乳指導を受けてください」と言う。声を潜めて、まるで、私が罪を犯したかのような雰囲気だ。後の問診は気もそぞろ、のように見えた。

その「特別の離乳指導」の栄養士は、「1歳を過ぎてもお乳から離れない子は、犯罪者になります。問題です」と言い放った。やっぱり声を潜めて、母親の私はまるで罪人扱いである。

私は、絶句してしまった。ちなみに、私自身、2歳近くまで母乳を飲んでいたそうだし、小学校3年生まで母の乳房を触らずには眠れなかった。だから、私の乳離れは正式には8歳だ。けど、今のところ犯罪者にはなっていない（これからなるのかもしれないけど）。でも、その決めつけのことよりも、「個室で、声を潜めて、深刻なことのように」告げられたことにショックを受けてしまった。

私は、凝《こ》り性の理系の母なので、母乳に関しては、新書や専門書、論文までも読んで、その効能や離乳時期を研究していた。離乳時期については諸説あったが、私の結論は「子どもが自然に離れるか、私が自然に嫌になるまで、自然体でつき合う」だった。

私が最も納得した母乳論は、岩波新書の『母乳』（1983年刊）をお書きになった山本高治郎先生のそれだったのだが、山本先生は自然体の母乳育児を推奨されておられたからだ。先生自身、小学校1年まで乳離れしていなかったと告白されている。

その話を義母と母にしたら、「昔は、末っ子なんて、ランドセルを背負ったままおっぱい飲んだりしてたわね。でも、そういう子のほうが出世したりするものなのよ」「そうそう」とおおらかだった。

そんな背景があったので、1歳児健診で人非人《にんぴにん》扱いされるなんて思いもよらなかった。いくつもの母乳本を読んだ私でも、ショックでひるんでしまった。母乳にそこまで確固たる決心をしていても、である。普通のママだったら、どんなにショックだろうと胸が痛くなった。

後に「母乳期間が長いと犯罪者になる」説の根拠を調べたら、アメリカの刑務所で、犯罪者の乳児期の授乳歴を追跡調査したというレポートを発見した。

それによると、性犯罪者の授乳歴を多い順に並べると、（1）人工栄養、（2）1年以上の母乳栄養、（3）1年未満の母乳栄養の順に多かったというのである。

この根拠にも、びっくりである。犯罪者の授乳歴の調査だなんて、本人の物心つく前のことでしょう？ 実家のお母さんに連絡を取ったのだろうか。刑務所から「お宅の殺人犯のジェイムス君、母乳でしたか？」と電話がかかってくるんだろうか。う〜ん。

それに、悪いけど、犯罪者を出したような家庭の聴き取り調査である。どれくらい正確なデータを得られたのだろうか。もしも、この追跡調査に正確な回答を寄せる家庭があるとすれば、犯罪者の家庭としては、かなり特別じゃないだろうか。これを

「犯罪者全体の平均」と見るデータの母数の取り方に、まず問題があると思う。

さらに、（特別な）犯罪者の中での「母乳期間が長い子」の比率はわかったとしても、逆に、「母乳期間が長い子」全体のうち、どれくらいのパーセンテージで犯罪者がいるのかがわからない。おそらく誤差くらいに僅少《きんしょう》のはずだ。これは、数字のマジックである。つまり、「アメリカの刑務所の追跡調査」は何の根拠にもならないのである。


よくよく考えてみれば、母乳に固執する子というのは、「好きなことに対する執着心が強い子」と考えることもできるわけで、性犯罪者に多いのかもしれないが、芸術家や研究者、事業家、お金持ちなんかにも多いはずである。「ランドセル背負ってておっぱい吸ってた子ほど出世する」と笑っていた母たちの世代のほうが、正解を言い当てているかもしれないじゃない？　こんな根拠で、まるで魔女狩りみたいに、「だらだら母乳をあげる母親」を責めた時代もあったのである。

母親たちは、「世間並み」から外れることに脅え、「世間並み」のお母さんたちは、勝ち誇ったように、「ダメよ。それじゃ」と他のお母さんに干渉する。

育児って、ときどき戦時中の日本みたいな過激な集団意識があって、戦慄してしまう。

21世紀のお母さんたちは、1990年代のマニュアル妄信《もうしん》ママより、ずいぶんと賢く自然体に見える。それでも、食事、昼寝、オムツ離れ、早期教育などなど、子どもの様子よりも、周囲と違うことにびくびくしているお母さんが、まだ多いような気がする。お母さん仲間のおしゃべりで、「まあ、それはダメよ」と決めつけられると、けっこう傷つくのだと思う。

でもね、マニュアルは参考値である。よそのお母さんの話も重要なヒントにはなるけれど、ヒントにしかすぎない。育児マニュアルの歴史を調べると、今なら笑っちゃうような理論に母親たちが痛めつけられてきたのがわかる。どうか、自分の感性で、子どもを見つめることを、忘れないで。

育児マニュアルのはしくれ（この本ですね）を書いている私が言うのもなんだけど、結局、最後は母親の勘が最も正しい。母親が「いいような気がする」と感じて、子どもがつやつやと幸福そうなら、周りの「ダメよ、それじゃ」なんか気にすることはないと思う。母親の脳ほど、子どもを真剣に見つめ抜いている脳はないのだからね。新米のお母さんたちには、マニュアル神話なんかで傷つかないでほしい。

男の子のママは肩身が狭い

七夕が来ると思い出すことがある。

息子が4歳だったときのこと。朝、保育園に送り届けたら、エントランス・ロビーに竹が立てかけてあった。かたわらには、短冊の箱。「そうだ！　願い事を書かなくちゃならないんだよ。ママ、書いて」と、息子。「うん、いいよ」と気軽に引き受けて、私はまっさらな短冊を手にした。

息子に「願い事は何?」と聞いたら、耳元でそっと「ウルトラマンになりたい」。吹き出しそうになったけれど、なんとかこらえ、「了解」と生真面目に返事をした。

その光景を目ざとく見つけた同じクラスの女の子が、「あら」と声を上げた。そして、「自分で書かないと願い事なんて、かなわないのよ。字が書けない人に、しあわせは来ないの。残念ねぇ」と、ものすご～く高飛車《たかびしゃ》に言うのである。私は、「ほう」と感心した。4歳でここまで高慢な口が利けるなんて、才能に近いよ。その上、彼女は、「ウルトラマンになりたい」に、ぷっと吹き出してくれたのだ。うん、まぁ、確かにそうだけどね。

息子は、そんな揶揄《やゆ》を気にも留めずに、「ウルトラマンになりたい」と書かれた短冊を竹にくくりつけて、うれしそうにしていた。彼女はというと、肩透かしをくらって少しムッとしていた。

そこで、私が「あなたはなんて書いたの？」と聞くと、「これ」と自筆の短冊を見せてくれた。きれいな字で「べんご士になりたい」と書いてあった。「まぁ、あなたには天職だわ！　絶対なってね」と私は言って、思わずはしゃいでしまった。人の心をえぐるような、いやいやもとい、人の心をぐっとつかむような、彼女の口の利き方を活かすとしたら、この商売しかない。人は資質を活かすべきだ。

思えば1歳児クラスのとき、このお嬢さんは、うちの息子のパンツを替えてくれたっけ。自分だっておもらしパンツをしている身なのに、うちの息子の足をトントンとたたいて、「ほら、こっちからね」と言って、パンツを上手にはかせてくれていたのだ。1歳児から保育園に預けていると、男児と女児の生活能力の差は歴然としている。「生活能力」「日常言語能力」というくくりで言えば、完全に「男の子は発達が遅い」ように見えてしまうのだ。でも、本当にそう?

そもそも男性脳は、生活や日常言語のために使えるようなモデル（仕組み）ではないのである（考えてみて。男なんて、おとなになったって、生活や日常言語の能力においては、一生「発達が遅い」んじゃない?）。

女の子の脳が、母親顔負けのおしゃべりを習得する4歳の頃、男の子たちは、さまざまな出来事を俯瞰《ふかん》し、3次元の想像力を育てているのである。例えば、黙ってブロックを積み上げては、宇宙に思いをはせているのも、そのひとつなのだ。家事の役には立たなくとも、それこそ将来、彼らが飛行機の設計図を描いたり、物理学の新理論を見つけたりするための空間認識の基礎が、その脳の中に着々と積み上げられているのである。そのためには、少しくらい字を書けるのが遅くったって、ぜんぜんかまいやしないのだ。男の子の親は、そんなことにカリカリしている場合じゃない。彼らがブロックに夢中になっている手を止めさせて、字を練習させるなんてナンセンスなのである。将来のノーベル賞学者をひとり、つぶしているかもしれないよ?

私たち母親は、究極なまでに生活能力と日常言語能力が発達した動物である。なので、ついつい息子たちの、口数が少ないとか、字が書けないとか、お手伝いができないとかにがっかりしがちだが、それは早計。ましてや、彼の姉や妹と比べてしまうなんて、とんでもない!

さて翌年、息子は自分の手で「うるとらまんになりたい」(カタカナは未習得)と書いた。漢字が1文字増えた「弁ご士」の隣に並ぶと、男女脳の差がわかっていても、笑っちゃう母なのであった。

男の子のママは面白い

前節を息子が読んで、「へぇ」と感心している。あの4歳のお嬢さんの発言に対してである。
「おいら、こんなこと、言われていたんだぁ。ぜんぜん気づかなかったよ。っていうか、彼女の言うことの半分くらいは理解できなかったからねぇ、当時は」
「えっ!?」と驚く母（私）。言語能力が低かった4歳男児は、彼女の高度な皮肉に気づかなかったのである。だから、気にも留めずにしあわせそうにしていたのだ。あの頃、女の子たちの発言を男の子たちが意に介さないので、彼女たちがむかついている光景をよく目撃したけど、あれは骨折り損。彼らは、理解していながら無視していたのではなく、理解していなかったのだ！

うーん、参った。よくよく考えてみれば、私たちだって、夫に言った皮肉を、彼がぜんぜん意に介していなくって腹が立つことがある。あれって、私たち女性の高度な言語能力に、男性がついてきていないってことなのか……。

たとえば、「あなた、これは、前に私がイヤだって言ったことよねぇ？ どうして、何度も同じことをするの？」と言ったら「え、なんとなく」とか答えて私を逆上させる夫だが、あれ、最上級の不満の表現だということに（つまり、正解は平謝りをすべき、ということに）気づいていないのじゃなかろうか？　いや、そうに違いない（強調の反語表現）。

息子いわく、「確かに、言語やコミュニケーションの能力では、男はどうしたって女にかなわないよ。まったく脱帽だよ」だそうだ。あまりにも完敗なので、負けを認めるのもぜんぜん悔しくないのだそう。平成生まれの男は、いっそ潔《いさぎよ》い。

「その代わり」と息子は言う。「おいらたちは、ものごとの関係性をよく見ているよ。ものの成り立ちとか、機械の動きを女子より理解してるもん」。

そうそう、それが男性脳の役割なのである。せいぜい、頑張ってね。

女子の言葉をまだ半分しか理解できなかった小学1年生の頃（ま、今も全部理解してるとは言いがたいけどね）、うちの息子は「電源なしで回る扇風機を開発したから、特許を取っておいてね」と言って、けっこう複雑な図面を私に手渡してくれた。

実は彼、その前の週に、ひとり乗りのホバークラフトを作るから扇風機を解体していいか、と聞いてきたのだ。理由は、歩いて学校に通うのがおっくうだからだそう。「解体してもいいけど、うちの扇風機で君が浮くの?」と聞いたら、息子は「おいらの計算では、カバーを完璧にしてやれば、浮く」と言いきった(どんな計算だったんだろう? 2ケタの足し算もできなかったのに)。

「でもさ」と私は食い下がった。なにせ、扇風機は我が家に1台しかないのだ。「君の身体は浮くとしても電源はどうするの? 家から学校までの長いコンセントなんてないわよ。電池じゃ重すぎるしね」と言ったら、彼は「あ~」とうなった。「そうか、電源のことを忘れてた」。

我が家の扇風機を無事守れたことにほっとすると同時に、「ったく、そんなこと考えている暇があったら、さっさと宿題をしてよね」と、ちらっと考える母であった。

その後1週間、彼は電源なしで回るファンのことを考え続けていたのだった。電源なしで回るファンが発明されたら、人類の至宝、ノーベル賞級の発明だが(燃料なしの車が走るってことだもんね)、残念ながら彼の図面は現代のエンジニアには理解できないものだった。とりあえず、彼自身の成長を待って特許化してもらうしかないの

で、そのまま温存してある。

それにしても男性脳というのは、こうして自動車を発明し、ロケットを飛ばしてきたのである。要は図面の完成度ではなく、「そうしたい」という気持ち、なのだ。そして、その気持ちは幼児のうちに芽生えるのである。どうか、男の子のお母さんたち、彼らを追い立てないで。彼らに沈黙の無駄時間をたっぷり与えてあげて。母親の想像を超える英知が、彼らの脳には眠っているのだから。

ヴァレンタイン・キッス

息子が13歳の春を迎えようとしている、ヴァレンタインが近づいたある朝、私は、彼の脳に難しいシーズンが始まったことを思い知らされた。

その日、彼は軽く下痢をして、学校を遅刻することになった。そのこと自体はなんでもない。遅刻は30分ほどで、腸が弱い彼にはよくあることなのだ。けど、彼はぐずぐずと学校へ行かず、ベッドに横になっている。「どうしたの?」と声をかけたら「3時間目に間に合うように行く」と言う。理由を尋ねたら、「1~2時間目は調理実習で、今から行くと、決められた自分の責任が果たせない。ちゃんと仕事をしないのに料理だけ食べるなんて、そんなジコチューなことできないよ」と言うのだ。

私はむかっとした。今ならまだ、調理の中盤だ。巻き返せる。準備が不完全なら、後片付けで巻き返せばいいじゃない。どのみち、遅刻の連絡を入れている以上、調理は人数分用意されるのである。行かないほうが、よっぽど傍迷惑《はた》だ。「あなたの考え方のほうが、よっぽどジコチューだと思うわ。早く行って、巻き返しなさい」とダメ出ししてやった。

そうしたら、である。息子が、なぜか毅然《きぜん》として「ママみたいなジコチューな人にジコチュー呼ばわりされるのは心外だ」と言うのである。「ママは、なんでも自分の都合のいいように解釈する。ママの論法は、にわかには信用はできない」のだそうだ。珍しく目くじらを立てている。なので、私も逆上した。「私がいったい、いつ信用できなかったというわけ？　聞き捨てならないわ。ちゃんと説明しなさいよ！」「ママは、なんでも大げさに言う。悪気はないかもしれないけど、嘘つきの部類だと思う」。

……絶句。一生懸命育てた息子に、嘘つき呼ばわりされるとは思わなかった。けっこう、ショックである。まぁ、考えてみれば、何でも大げさに語るといわれれば、そうかもしれない。けど、大げさに語るというよりは、私の目にはそう映るのである。だからこそ、日常のなんでもない発見でうれしくて切なくて、本が1冊書けるのである。

嘘は書かないが、確かに、大げさかもしれない。というか、読み手の心を刺激して、妄想をかき立てる文脈になっているような気もする。嘘つきとまではいかなくても、ちょっとズルイかも。だって、「私の大好きなひと」や息子を実力以上に評価してくれる方が多いもん。けど、サービスのつもりなんだよ。とはいえ、いけないことなのだろうか？　う〜ん。

思春期の息子に毅然と立ち向かうはずだったのに、なんだか、自分の表現者としての真理を見失って、愕然《がくぜん》としてしまった。私は、表現者なのではなくて、ただの嘘つきなの？　けっこう怖い命題である。その瞬間、「今日の講演を乗り切れるだろうか」と戦慄した。その日、私は、100名ほどのお客様を相手に講演をしなければならなかったのだ。なのに、怖くて、とても人の前に立てる気分じゃなかった。

ふと気づくと、私がへたり込んでいる目の前で、息子が、なんだか、塩をかぶったなめくじみたいになっている。見ると、涙ぐんでいる。「どうしたの?」と尋ねたら、「今、よく考えてみたら、ママの言うことのほうが正しい。おいらの考えは、ジコチューだった」と言うのだ。

「それなら、さっさと学校へ行きなさいよ」と、背中をぽんと叩いたら、「ショックで動けない」と言うのである。へ? どういうこと?

息子いわく、「おいらは、この世でジコチューな人が一番嫌いなんだ。で、自分がジコチューにならないように、ものすごく気を使って生きてきたつもりなわけ。なのに、今朝は、気を使ったつもりがジコチューだった。今までも、自分で知らないうちに、人を不快にさせてきたのかもしれない。そう思うと、怖くて、とても人の前に出れない」。

おやおや、である。大げさなのは、どうも私だけじゃないようだ。こんな些細なことで「人前に出れない」と、180センチのなめくじに変身した息子を見ていたら、演台に立つ勇気が湧いてきた。この悩み方、まるでハムレットみたい。ばかばかしい。

それにしても、親子というのは、変なところが似るものだ。「ものごとを大げさに悩む」ハムレットのような癖というのは、どんなDNAをしてるんだろう？

息子には、「馬鹿じゃないの！」と活を入れた。「私たちが、生物である以上、なんとしても生き残ろうとする本能があるわけ（なきゃ、母親としては怒るよ）。そのために、人間の本質はジコチューなのよ。ジコチューが自然なの。けど、人間関係を円滑にするために、そのジコチューを飼いならすのがおとななわけね。けどさ、たまには、自分のジコチュー認めて、あやまりながらもちゃっかりするのも愛嬌よ。自分は絶対ジコチューじゃないって信じて友達を厳しく追及する男より、そっちのほうが素敵だよ。友達もお互い様、って感じで楽になるしさ」

息子は、鳩が豆鉄砲を食らったような顔をしていた。目からうろこ、だそうだ。けど、ショックで、まだ腰が抜けてるそうである。私は、新幹線の出発の時間が近づいたので、家を出た。駅に着いた頃、息子から電話が入った。「今から、学校に行く」。後から聞いたら、ちょうど試食会の時間に学校に着いたけど、友人たちは快く迎えてくれたそうだ。息子が照れて言うには、「表面上はね。料理が無駄にならなくてすんだからさ。それから、ママは嘘つきじゃない。……ごめん」。

私の講演は、声が出なくなることもなく無事終了した。雪に抱《いだ》かれた美しい町で、手厚く温かく迎えられた講演だった。表現者として、もう少し、やっていけそうな気分になった。

その夜、遅く帰ると、息子はもう眠っていた。なぁんだ、少し、おしゃべりしたかったのに。そう思いながら、いつもの自分のいすに座ったら、テーブルの上にピンクの付箋紙《ふせんし》が貼ってある。いつもの息子のゲームに関するメモだと思って剝《は》がそうとしたら、鉛筆書きで「チュ」と書いてあった。あらら、息子にキスをもらえるなんて、何年ぶりかしら?

少し早いヴァレンタイン・キッス。きっと、一生忘れない（やっぱり、大げさ?）。

働くお母さんでいること

出張で、遠い町のホテルに泊まっている晩、息子から電話が入った。時計を見ると午前1時すぎだ。少し緊張して「どうしたの？」と聞くと、「いや、別に何かあったわけじゃない。なんだか眠れないから、少し話をしたいんだ」と言う。「不安なの？」と尋ねると、「うん。少し」と答えた。

彼のほうには話題はないというので、その日、私が家を出てからホテルのベッドに入るまでの出来事を話してやった。

小1時間ほど経っただろうか。私が見たものや食べたものの話をうなずきながら聞いて、何度か笑ったりした後、最後に穏やかな声で「眠くなってきたよ」と言った。「不安は解消した？」と聞くと、「うん」。

「原因はわかってるの？　学校で何かあったの？」と尋ねると、「ううん。きっと、家にママの気配がないからだよ」。

私が、はっと息をのむと、息子は「いや、気にすることはないから。ママの出張のたびに不安ってわけじゃないし、何かの条件が偶然重なったんじゃない？　人間、漠然と不安な夜もあるよ。ママのせいじゃない」。

その後の息子の「おやすみ」は、私へのいたわりで甘く優しかった。

旅先のホテル、午前2時。窓の外には雪の気配があった。私は、息子と過ごした14年間を思いつつ眠りに就いた。

子どもを持っても、仕事を続けた。私にとって仕事は呼吸をするくらい自然なことなので、そのことを疑問に思ったことは一度もない。けれど、出張の夜、こうやって息子の不安が旅先に届くと、やはり切ない。

小学校の低学年の頃は、「今すぐ帰ってきて。今すぐ飛行機に乗って。はやく、はやく」と号泣された。こういうときは、胸がつぶれそうだけど、電話の母親がおろおろしても仕方がない。クールな声できっぱり言い放つしかない。

「飛行機の最終はもう行っちゃったわ。最終列車にならら乗れそうだけど、東京には明日のお昼にしか着かない。朝の飛行機に乗ったほうがましなのよ。わかった？　ママは何をしても今夜あなたのところへ帰れないの。もう寝なさい」

翌日の帰路は、新幹線の中を、東京へ向かって走りたいくらいの気分だった。

そういえば、一度、私のほうが号泣してしまったことがあったっけ。

5年前の冬、鳥取発の最終便が雪で欠航になった夜のことだ。その日、鳥取では大きなイベントがあってホテルや旅館が満室だった。便数の少ない路線なので、空港のカウンターに殺到した欠航便の乗客のほとんどが、翌朝の飛行機の予約も取れない。

途方に暮れつつ調べたら、ＪＲ山陰線を利用すれば、夜半までに米子《よなご》にたどり着けることがわかった。大急ぎで翌朝の米子─羽田便を押さえ、米子のホテルを手配して、タクシーで鳥取駅に駆けつける。そうして、吹雪の中、人もまばらな夜のローカル列車に乗ったのだった。

気持ちというのは不思議なもので、既に東京から数百キロ離れている鳥取なのに、そこから東京に背を向けて2時間近い旅に出るのは、なんとも心細いのだった。

その上、山陰線はディーゼル車で、出発のとき汽笛《きてき》のような音がする。しかも、吹雪の中である。しかも夜。しかも空腹。既に泣きたいような状況は出来上がっていた。

そこへ、当時小学3年だった息子から電話が入ったのだった。「ママ、宿題の朗読をするから聞いて」と言う。

「え。今、とんでもない場所にいるから、途中で携帯が切れるかもしれない。パパに聞いてもらったら?」とさえぎったが、「先生が、昨日と同じ人に聞いてもらいなさい、って言ったから」ときっぱり宣言し、彼は国語の教科書を朗読し始めた。

その内容が参った。なんと、昭和19年のある日、小学校3年生の女の子のお父さんが赤紙で召集されて戦地に赴《おもむ》くことになったところから、この物語は始まるのである。東京に残された家族がどんどん生活に窮する中、昭和20年3月10日、くだんの大空襲に見舞われる。女の子は、母親や兄とはぐれ、ひとりで焼け跡の東京をさまよっているうちに、あんなに会いたかった優しいお父さんに巡り合うのだった。

途中からいやな予感がしていたが、案の定当たって、女の子は死んでいて、天国で父親に再会したという展開だった。しかも、最後の締めは、「現在、東京の街角では、この子と同じ小学3年生の子どもたちが、今日も元気に遊んでいる」ときた。

吹雪の中を走る、夜の山陰線の中である。周囲は暗くて、窓の向こうには何も見えない。しかも、朗読は小学3年男子の、とつとつとした読み上げ……不覚にも、私は、列車の中で大泣きしてしまった。嗚咽《おえつ》もしてしまったと思う。

海へ向かう下りの最終列車で、携帯電話を握り締めて号泣する四十女。いかにもよそから来たふうで、しかも旅行鞄もなく薄いアタッシェケースひとつ。あまりにも「わけあり」である。同じ車両の乗客は、きっと、かたまっていたと思う。

この晩、私の中で、何かが溢れてしまった。東京に帰ったら、仕事を辞めようとかたく誓った。社会人になって二十数年、仕事をいっさい辞めようと決心した、後にも先にもたった1回の出来事である。

ちなみに息子は、この後、上機嫌で朗読を終え、「今日は、パパとピザとって食べたんだ。おいしかったよ。おやすみ!」と電話を切っている。なので、息子が不憫《ふびん》とかそんなんじゃなく、私自身の気持ちが一瞬壊れたということだったのだろう。

翌朝の米子は雪晴れだった。真っ青な空に飛び立つとき、東京に戻って仕事を辞めると宣言したら、息子がどんなに喜ぶだろうと思ってわくわくしていた。

なのに息子は、軽蔑したような目でこう言い放ったのだった。「ボクのために辞めるの? あんなに仕事好きだったのに? やめてよ、重すぎる」……まじかい。

そんなわけで、私は今も仕事を続けている。

この本は、働くお母さんも読んでいらっしゃると思う。子どものためには、家にいてあげたいのは山々だろうけど、きっといろんな理由で働いているのだろう。働きながらの子育ては、やっぱりキビシイ。そして、切ない。何度も何度も、辞めようかどうしようか悩むよね。

でもね、我が家の14歳の息子は言っている。

「そりゃ、ママが働いていて寂しかったことは山ほどある。でも、もう一度やり直せたとしても、おいらは、働く、このママがいい。おいらの知らない世界を知ってるのが楽しいしさ、なにより、一生懸命でカワイイよ」

ま、息子とはいえ、本音とは少し違うだろう。働く母へのリップサービスも満載なのだとは思うけど、それでも、方向性には嘘はないはず。

お母さんが、幸福で、一生懸命であること。私は、それでいいと思うよ。仕事が楽しかったら、毅然と仕事を続けたらいい。我が家の息子は、満点とはいえないけれど、こんな口を利くくらいには育ってくれた。

小さなお子さんを抱えて、頑張るキャリアウーマンを見ていると、この頃、私は泣けてしまう。自分が、最も苦しい時期を抜けたからかもしれないね。

働くお母さんたち、どうか、頑張って！

優しい夢

ふと思いついて、うちの息子に、「ねぇ、今までのママと一緒の人生で、何が一番、気に入ってる？」と尋ねてみた。

「あー、それは、絵本を読んでくれたこと」

息子は、ほかにないだろう、という顔をして、きっぱりとそう答えた。

「絵本？」

私がぴんと来なくて聞き返すと、

「そう。たくさん読んでくれたじゃん。ほら、『51ばんめのサンタクロース』、とか」

懐かしい絵本の題名が出て、私もつい顔がほころぶ。

「あー、あったねぇ。あと、身体が小さくなって冒険するヤツ」

と返したら、「『ミクロたんけんたい』！」と息子が大きな声を上げた。ふたりで、絵本の話で盛り上がり、小1時間話しこんでしまった。

私自身は、絵本をたくさん読んだという実感はなかった。私も息子も本好きなので、ごく自然にそうなったのかもしれない。

私の傍らに腹ばいに寝転んで、絵本がめくられていくのを、わくわくして見守った、と彼は言う。

「ねねね、久しぶりに、絵本読んであげようか」

本気で、そう申し出たら、

「いや。いい」

と、即座に断られてしまった。めちゃくちゃ、恥ずかしいらしい。

あー、もう、絵本を読んでやる子がいなくなっちゃったんだ……私は、ふいに胸を突かれて、ことばを失った。急に「うちに、子どもがいなくなっちゃったんだ。子育て、終わっちゃった」という気分になって、涙が溢れてきた。

「そんなに読みたいんなら、読む?」

と、息子がびびって、気を使ってくれる。私は手放しで、おんおん泣いてしまった。

鮮烈な実感だった。まだ何もしていないのに、ふいに、子育てが終わってしまったのだ。もっともっと、一緒にいればよかった。もっともっと、絵本も読んであげたかった。もっともっと……何を?

そうなのだ。子育てなんて、振り返ってみれば、たいして何もしていないものだ。毎日、ただ一緒に暮らしただけ。私は、いったい何をあんなに忙しがっていたのだろう。

「あー、あなたと、もっともっと、一緒にいればよかった」

泣きながら、そう言ったら、

「そうだね。小さい頃は、ずっと、ママの帰りを待っていた」

息子は、そう言いながら、優しく背中をなでてくれた。


15年前、産声をあげている息子を腕に抱いたとき、子育ての終わりなんて果てしなく遠いような気がしていた。今、パパよりふた回りも大きくなった息子に抱きとめられて、私自身が泣いている。この温かい胸を私が産んだなんて、まるで信じられない。明日、目が覚めたら、何もかも夢だったらどうしよう。だとしたら、私の子育ては、あまりにも「優しい夢」だったことになる。


……そう。子育ては、優しい夢、なのだろう。そもそも、最初から。

あらためて、この子に出逢えたことに感謝である。


絵本を読むのをねだられて、あれもしたいのに、これもしたいのに、と片付けたい家事や仕事に気をもむお母さん。きっと、いると思う。

「ふいに」絵本を読む相手がいなくなってしまった私には、その情景がうらやましくてたまらない（実際には、もう5年ほど前に絵本読みは卒業していたのだが、気がつかなかったのだ）。そんな日が来るのを先に想像したら、今の時間を、もっと大事にできるのではない？

絵本を読む相手がいるあなたは、「優しい夢」の真ん中にいる。どうぞ、楽しんで。

あとがき

息子が生まれた晩、私は不思議な夢を見た。声だけの夢だ。

50くらいになった息子が、「おふくろは、しょうがない女だったけど、ひたすら俺を愛してくれたよなぁ」と、つぶやくのを聞いた夢。

あー、これはいい感じだぞ、と思った。だって、こんなふうに思い出してもらえたら、母冥利《みょうり》に尽きるじゃない。

それに、「誰かがひたすら愛してくれた思い」って、いいものだ。ほかに何がなくたって、生きていける気がする。一生守ってくれる、最強のバリアだ。

息子に、それをあげたいと、思った。


ゆうべ、母から電話があって、「ちょっと眩暈《めまい》がしたから、病院へ行ってきた」という。

「お父さんに、私が倒れたらあなたがかわいそうだから、大事をとって病院で見てもらってくるね、って言ったの。そしたら、なんて言ったと思う?」

「え? 〝そうだな、大事にしてぐれ〟とか?」と私が答えたら、「違うわよ。〝いや、俺は大丈夫だ〟」。

……え。私は絶句してしまった。しかしまた、なんてことを言うんだろう、あの父は。だから、と、母は明るく続けた。

「あ、そう。あなたは平気でも、伊保子が悲しむから、私は死ねないの。だからやっぱり、病院に行ってくる、って言ってやった。そしたら、お父さんも、そうだな、それを考えると俺も死ねないな、って言ってたわよ」

70代の夫婦のなんともずれてる、愉快な会話である。ひとしきり笑って電話を切った後、私は、泣いてしまった。「誰かがひたすら愛してくれた思い」を、私は、ずっと両親にもらい続けている。この深く温かい愛に、どうやったら、感謝を伝えられるのだろうか。

泣き終わった後、いつか私も息子に、こんな電話をかけようと思った。「あ、そう。

あなたは平気でも、息子が悲しむから、私は死なないの、って、パパに言ってやった」って。息子も、ひとしきり笑った後、しんみりするのかしらん。

息子へ、私は「誰かがひたすら愛してくれた思い」をあげきれるだろうか。私の両親が溢れるほど、くれたみたいに。


いい脳とは、幸福な脳である。

親は子に、幸福になってもらったら、本望だ。

脳科学から見た、「幸福な脳」育ての極意は、とてもシンプルである。けれど、私自身、子育ての渦中にあるときは、それが見えなかった。

実は、この本は、講談社のポータルサイトＭｏｕＲａで1年近く連載させていただいた、子育てブログ「こたつ亀おやこのまどろみ日記」をきっかけに書き下ろしたものである。

我が家の息子も中学生になり、子育て論からもすっかり遠ざかっていたのだが、講談社の宮本雅代さんの熱心なお誘いで、再び「子育て」に立ち向かうことになった。

ブログの質問に触発されて、久しぶりに子育てのシーンをいろいろ思い出していたら、面白いことに、息子が「あ〜あのときはね、こうだったんだ」と言って、子どもの視点からの解説をしてくれるようになったのである。興味深いことに、私たちの見解はかなり違った。

私が気にかかって忘れられずにいることを、彼がすっかり忘れていたり、私が気にも留めていなかったことで、彼がひそかに傷ついていたり……。この1年、ふたりで思い出をたくさん語り、何度笑ったり、涙ぐんだりしたかわからない。

この道のりで、私にもやっと「しあわせな脳」育てがすっきり見えてきたのだった。あー、こんな簡単なことだったのかとびっくりした。もちろん、私自身の子育てには、反省点が山ほどある。山ほどあるから、本にしたいと思った。今まさに、その最中にいるお母さんたちに届けたい。

とはいえ、私たち親子も、ブログ連載のおかげで、最後に帳尻を合わせることができたような気がする。まさに、人生のビッグ・ボーナス！　発案者の宮本雅代さんと、読者の皆様には、感謝してやみません。また、長い間の執筆を支えてくださった編集の田畑則重さん、真田恭江さん、ケイ・ライターズクラブの梶原知恵さんに、この場を借りて深く感謝申し上げます。

執筆のパートナーになってくれた、息子の黒川悠輝にも、心からありがとうを。あなたがいなかったら、そもそもこの本は存在しなかった。

そして何よりも、この本を最後まで読んでくださったあなたに、心からの感謝を捧げます。本当に、本当に、ありがとう。子育て、どうか、楽しんでくださいね。

本書はWebマガジン「MouRa」において、2005年6月8日から2006年3月31日まで41回にわたり連載された「こたつ亀親子のまどろみ日記」を全面改稿いたしました。

〈著者〉黒川伊保子（くろかわ・いほこ）
1959（昭和34）年、長野県生まれ。奈良女子大学理学部物理学科卒。株式会社感性リサーチ代表取締役。メーカーで人工知能の研究に携わったのち、脳とことばの研究を始める。やがて、語感と人間の意識の関係を発見し、独自のマーケティング論を拓く。子ども脳の言語獲得の仕組みにも早くから着目。著書に、『恋するコンピュータ』『恋愛脳』『怪獣の名はなぜガギグゲゴなのか』『感じることば』などがある。
公式ホームページ　http://www.ihoko.com/

「しあわせ脳《のう》」に育《そだ》てよう!

2006年 4 月25日　第1刷発行
2009年 7 月17日　第4刷発行

著者　黒川伊保子《くろかわいほこ》

装丁　天野誠（magic beans）

イラスト　吉沢深雪

発行者　野間佐和子
発行所　株式会社講談社
〒112-8001　東京都文京区音羽2-12-21
出版部　第四編集局B（新企画出版部）
03（5395）3953
販売部　03（5395）4415
業務部　03（5395）3615（落丁・乱丁本はこちら）

印刷所　日本写真印刷株式会社
製本所　株式会社国宝社

N.D.C.914　214p　19cm　ISBN4-06-213439-X